PIERRE DE RONSARD

Prince des Poètes

1524-1585

ÉTUDE SUIVIE D'UNE BIBLIOGRAPHIE
DU POÈTE ET DE SES ŒUVRES PAR

EDMOND ROCHER

AUX "PRESSES UNIVERSITAIRES"   AUX "IDÉES FRANÇAISES"
49, BOUL. SAINT-MICHEL - Vᵉ   39, RUE DE MEAUX - IXᵉ ARR.

PARIS MCMXXIV

PIERRE DE RONSARD

PRINCE DES POÈTES

1524-1585

OUVRAGES DU MÊME AUTEUR :

Le Manteau du Passé (Poèmes).
L'Idyle farouche (Poèmes).
Les Aspects divins (Poèmes).
Les Fêtes et les Deuils (Poèmes).
La Vallée du Loir (Prose).
Petite Patrie (Poèmes).
Le Prestige du Soir (Poèmes).
Les Heures fleuries (Chansons).
L'Ame en friche (Roman).
La Petite Cour (Nouvelle).
Louis Pergaud (Étude).

A PARAITRE :

L'Heureux Soldat (Roman).
Le Visionnaire (Contes fantastiques).
Les Faces du Songe (Poèmes).
Le double Inceste (Roman).
A l'Ombre de Ronsard (Poèmes).
Nouvelles vendômoises (Proses).

Les Ouvrages parus se trouvent aux
ÉDITIONS DU "MONDE NOUVEAU"
42, BOULEVARD RASPAIL, PARIS-VIIe

Pierre de Ronsard

Prince des Poètes

1524-1585

ÉTUDE SUIVIE D'UNE BIBLIOGRAPHIE
DU POÈTE ET DE SES ŒUVRES PAR
Edmond ROCHER

AUX "PRESSES UNIVERSITAIRES" ❖ AUX "IDÉES FRANÇAISES"
49, BOUL. SAINT-MICHEL - Vᵉ ❖ 39, RUE DE MEAUX - IXᵉ ARR.
PARIS MCMXXIV

STATUE DE RONSARD

Droit sur ton piédestal d'orgueil, ô dieu Ronsard,
Tu domines du chef la foule des poètes,
Et, sûr de l'avenir, tu braves du regard
Le mépris vaniteux de moindres musagètes.
Ton grand vers frémissant lancé vers le futur,
Trouve en nous des échos que le temps amplifie,
Et, si vivant, si jeune, et si clair et si sûr,
Répond à ces méchants zoïles qu'il défie.
Jadis, ils ont mordu, sans remords, dans le fruit
Savoureux et si beau de ton puissant génie.
Mais, comme des voleurs s'enfoncent dans la nuit,
Ils sont rentrés dans l'ombre, et la foule les nie.
Tu les as tous vaincus du souffle de ton vers,
Ensorcelant semeur d'images éternelles,
Et l'hommage tardif de l'ingrat univers
Change en roses d'amour les sombres asphodèles.
Tu règnes parmi nous, bel amoureux charmeur
Dont la muse aujourd'hui nous couvre de ses ailes
Frémissantes de gloire et de tendres rumeurs...
Tu règnes parmi nous, prince de poésie !
Par ta jeunesse, impérissable désormais,
Car ton Loir s'est grossi de toutes les Voulzies...
Et nous sommes les fils qu'en rêvant tu formais.

E. R.

MANOIR DE LA POSSONNIÈRE
OU NAQUIT
PIERRE DE RONSARD
LE XI SEPTEMBRE MDXXIV

PIERRE DE RONSARD

Prince des Poètes

(1524-1585)

C'est Ronsard, le *Paterfamilias* du
Romantisme moderne, qui a été
l'homme de l'avenir devenu le présent à cette heure.

J. Barbey d'Aurevilly.

Rien n'est émouvant comme le pèlerinage que,
d'un cœur fervent, on accomplit aux lieux où
vécurent les grands disparus.

Une saine et mâle mélancolie s'empare de
nous à évoquer les souvenirs glorieux qui se
rattachent aux vestiges de leur demeure. Et quand l'hôte
illustre a nom Ronsard notre admiration respectueuse prend
la forme de la vénération.

Chaque fois qu'une pieuse fidélité m'a ramené parmi les
gracieux paysages de ma Petite Patrie Vendômoise, je n'ai
pu me défendre de remonter le cours du Loir jusqu'à Couture et de m'arrêter, songeur, devant la maison où naquit
ce robuste génie. Et, le cerveau tout bruissant de ses vers
dont la jeunesse étonne toujours, l'esprit émerveillé de ses
heureuses images que la lecture ne parvient pas à user, j'essaie
d'animer l'homme au front vaste et prématurément dégarni,
au nez long et mince, à la bouche voluptueuse et ironique,
aux larges yeux rêveurs, tel que nous le laisse voir le buste

du musée de Blois, et de le restituer à son milieu d'élection.

J'ai voulu revoir les fontaines qu'il a chantées au beau temps de ses amours, qu'il a divinisées de ses yeux d'enfant et de poète, et telles, sans doute, qu'elles lui apparurent, alors que, parées de la divine poésie des eaux, bien entretenues et fleuries à l'entour d'iris et de populages, elles s'agrémentaient des noms charmants qu'il leur donna. Et je n'ai retrouvé que d'infects bourbiers envahis par les grenouilles et les crapauds, ou des trous asséchés masqués à demi par les herbes. J'ai voulu découvrir le pin de Marie[1], mais la nature capricieuse a tout changé, m'a déçu, et il ne reste plus pour parler de lui que cette maison pieusement conservée, et son œuvre qui le dresse immortel.

*
* *

Le hameau de Couture recèle encore, presque intacte, la maison où naquit, en 1524[2], Pierre de Ronsard. Cette maison, à l'encontre d'assertions erronées et qui se sont accréditées auprès du public, n'appartint jamais au poète. On peut remarquer que lui-même ne fait nulle part allusion à cette propriété comme étant sienne. Il y passa sa prime jeunesse et, là, reçut l'empreinte du goût indélébile de la beauté. Son père, le Chevalier Loÿs de Ronsart[3], épris de belles-lettres et de beaux-arts, se plut à embellir et enjoliver l'agreste demeure des ancêtres et à en faire, pour l'œil et la pensée, une leçon vivante qui dut fortement influencer le jeune Pierre et développer en lui le germe atavique de ses riches facultés poétiques. Il est très probable que les premières impressions reçues par l'enfant prédestiné décidèrent de très bonne heure

1. Ronsard, qui a une propension aux jeux de mots, fait allusion dans un poème à cet arbre, planté en l'honneur de Marie du Pin, sa deuxième muse.

2. Cette date est très discutée : celle le plus communément admise reporte la naissance du poète au 11 septembre 1524 ; mais M. Henri Longnon nous propose celle de 1525. Faute de pouvoir contrôler il vaut mieux s'en tenir à la première.

3. Orthographe du nom patronymique des Ronsart.

de l'irrésistible vocation, et que c'est à la Possonnière qu'il les éprouva.

C'est pourquoi nous devons nous arrêter en face de ce logis, le considérer, y pénétrer, et comprendre toute la portée de cette première influence sur l'âme de notre héros.

La maison patrimoniale des Ronsart prend son aspect le plus gracieux envisagée du côté de la cour. Une haute tourelle d'escalier, élégamment décorée, se dégage de l'habitation et lui donne à distance l'allure Renaissance qu'on ne saurait discerner sans elle, le XVIIe siècle s'étant chargé de défigurer l'autre façade en la restaurant à sa manière, comme il se plut à défigurer la gloire du poète.

Sur la pierre de la gentilhommière subsiste encore ce que l'on pourrait appeler « le testament votif » et « le musée poétique » de l'illustre écuyer de François Ier.

Des aphorismes harmonieux dans leur souriante philosophie fleurissent les linteaux des portes et des fenêtres à meneaux. Une âme toute vive y palpite encore, et l'on peut évoquer, en les lisant, l'élégante silhouette d'un autre Pétrone chéri des dieux et des Césars. On a peine à penser que l'inspirateur de ces rares sentences lapidaires ait pu s'ingénier à détourner son fils des belles-lettres pour l'engager à suivre la carrière de la magistrature ou des armes.

Ce voluptueux écrit, en maints endroits : *Avant partir*. Tout ce qu'il demande à la vie il veut l'obtenir avant de partir, avant de mourir. N'est-ce pas délicieux ? Et sa demeure il la dédie à la volupté et aux grâces : *Voluptati et Gratiis* C'est au fronton de la porte d'accès de l'escalier principal que cette jolie devise se trouve incisée dans la pierre, sous un buste récemment restauré qui rappelle les traits de Louis XII. A gauche du fronton, le mot *Lÿs* — abréviation de Loÿs — est porté par un cartouche rectangulaire, et, l'équilibrant, de l'autre côté, un écusson laisse voir, sur sa partie gauche, les armes des Ronsart, tandis que la partie droite, restée nue, attend toujours celles de Jeanne de Chaudrier, épouse

de Loÿs[1]. Et, tout en haut de la tourelle, une gracieuse fenêtre à meneaux qui semble regarder dans la plaine, de ce regard mystérieux et inquiétant qu'ont les fenêtres Renaissance, est illustrée par cette curieuse devise : *Domini oculus longe spectat*[2]. Puis on lit, au-dessus de la fenêtre, parmi des ronces que lèchent des flammes : *Roncc-Ard*, jeu de mots dont le sens, non équivoque, tend à fixer en une forme poétique le nom du seigneur de céans. Sur les autres fenêtres, insérées en des frises composées de palmettes, de lys et d'étoiles, plus sentencieuses, courent d'autres devises : *Respice finem*[3], et *Ne Quære nimis*[4]. Et revient en leitmotiv : *Avant partir* que la préoccupation du scripteur élargit et commente en d'autres vocables latins: *Domine, conserva me*[5]. D'autres devises le hantent, il se complait à leur concision, et, sous le ciseau du sculpteur italien, elles apparaissent, une à une, avec leurs U latins en forme de V, avec leurs lettres inégales, leurs abréviations, mais larges et lisibles, à la manière des « graffiti » pompéiens : *Veritas filia temporis*[6]. Mais c'est en pénétrant à l'intérieur de la bonne illustre que nous trouvons la suprême devise, celle qui hantera le poète à toutes les heures de sa vie et dont il fera en quelque sorte sa loi sacrée. Sur le manteau d'une vaste cheminée trop richement enjolivée, se lit, dans un rappel de ronces et de flammes :

Non fallunt futura merentem[7]

Cette cheminée, surchargée d'attributs, de monogrammes, d'armoiries et de rinceaux sculptés en plein marbre, rappelle

1. Ce qui reporte la décoration de cette partie de la maison à une date antérieure au mariage de Loÿs de Ronsart : 2 février 1515.

2. L'œil de Dieu voit de loin.

3. Considère la fin.

4. Ne veuille pas trop.

5. Seigneur, conserve-moi.

6. La Vérité est fille du Temps.

7. L'avenir appartient au mérite.

tout l'art précieux de la Renaissance italienne, mais les proportions en sont belles et le détail ne saurait distraire l'œil de la noblesse de ses grandes lignes. Il semble que tout l'orgueil de Ronsard découle de son fronton et que son père l'eût dressée à ses yeux pour exalter, de façon permanente, cette qualité qu'il poussa jusqu'au défaut, pour stimuler son goût des grandes victoires intellectuelles.

Quand on examine la partie du manoir qui s'adosse à la colline, on découvre, enfouis sous une abondante végétation, des vestiges encore remarquables qui furent les communs et les dépendances de cette jolie maison de plaisance. Là, les devises ont un caractère plus familier, quelques-unes sont inscrites en français, en caractères latins cependant. Sur la première porte on lit : *La Buanderie belle* ; sur la seconde entre deux bottes de foin stylisées : *La Fourrière* ; puis c'est la cuisine dont la porte s'agrémente d'une décoration de chaudrons (allusion au nom des Chaudrier) et de cette devise : *Vulcano diligentiæ* [1]. La porte du cellier est illustrée par celle-ci : *Vina Barbara* [2], tandis que la cave des vins de prix se recommande à l'œil par une décoration appropriée : deux pichets et des verres, le monogramme en grec de Loÿs de Ronsard ΛΣΡ avec l'inscription : *Cui des videto* [3]. Cette cave renferme une haute cheminée à manteau sans autre particularité. Une sixième porte, masquée par un grand mélèze touffu, recèle cette désignation : *Custodia dapum* [4]. La septième, celle d'un cachot, offre cette exhortation ironique : *Sustine et abstine* [5] et la répétition du monogramme ΛΣΡ et enfin nous atteignons la porte de la chapelle où flambe ce cri d'adoration : *Tibi soli Gloria* [6].

1. A la diligence, à l'intelligence.
2. Vins ordinaires.
3. Regarde à qui tu donnes.
4. Garde des repas.
5. Abstiens-toi et soutiens-toi.
6. Gloire à toi seul.

Toutes ces devises sont encadrées de deux monogrammes qui furent longtemps considérés comme mystérieux, surtout celui qui les précède, un E dont la barre inférieure dépasse de beaucoup les deux barres supérieures qui, elles, sont égales. Il s'agit de la simple combinaison d'un F et d'un L, initiales de Louis XII et de François Ier, la Possonnière ayant été érigée sous ces deux rois. L'initiale L qui se place après toutes les inscriptions désigne le maître du lieu : Loÿs de Ronsart.

Ainsi se trouve détruite la légende qui veut que Pierre de Ronsard ait été l'auteur de toute cette curieuse floraison lapidaire, et que ce cadet de sept enfants ait possédé, en dépit du droit d'aînesse, la demeure de Couture.

Une seule fois la cruelle Cassandre fit visite au poète, dans sa chambre de jeune homme, alors qu'il était malade et alité, mais rien ne peut nous fixer sur le caractère de cette entrevue qui dut pourtant remplir le pauvre soupirant d'une joie divine.

Il est une autre légende, concernant la Possonnière, due, elle aussi, à une interprétation trop facile d'archéologues mal documentés, et dont M. Paul Laumonier nous a fait revenir.

Les armes des Ronsart (d'azur à trois poissons d'argent placés en fasce) semblaient autoriser, à première vue, l'appellation de Poissonnière, s'appliquant au manoir historique, et par quoi on persiste encore à le désigner. Or, il est nettement avéré, de nos jours, qu'il prit son nom des pâturages qui l'environnent : *Possonnière*, du verbe « possonner », pâturer ou paître. Mais Poissonnière a prévalu en dépit de toutes les étymologies.

Certains aussi nous assurent qu'une mesure de capacité nommée *posson* donnait son nom à la contrée, parce que, là, on venait d'alentour mesurer le grain. Cette explication puérile ne vaut pas mieux que celle imaginée par Ronsard lui-même.

Ronsard conte, dans sa vingtième élégie à Rémy Belleau,

qu'un ancêtre à lui, marquis de Ronsart, marquis roumain, puisqu'il le dit venu

> *D'où le glacé Danube est voisin de la Thrace,*
> *Plus bas que la Hongrie...*

fit souche en Vendômois jusqu'à lui, Ronsard. Ce qui explique, d'après son ingénieuse mystification, les trois *ross* (lisez gardons) dont sont pourvues alors presque toutes les armes des princes roumains. Ronsard avait seize ans lorsqu'il suivit Lazare de Baïf en Roumanie comme attaché d'ambassade et il marque un enthousiasme exagéré de poète pour ce pays qu'il se plaît à considérer comme une seconde patrie.

Sans autre document sur sa prime jeunesse que ce qu'il en raconte lui-même, assez vaguement, nous pouvons avancer que c'est là tout ce qu'on peut conjecturer sur la vie de l'enfant prodige à la Possonnière :

> *Je n'avais pas douze ans qu'au profond des vallées,*
> *Dans les hautes forêts des hommes reculées,*
> *Dans les antres secrets de frayeur tout couverts,*
> *Sans avoir soin de rien je composais des vers.*

Voici donc décrite la maison qui servit de berceau à la jeunesse du poète, et où s'ébaucha la plus riche personnalité littéraire de la Renaissance. Sur le vu de cette description, il serait imprudent d'imaginer un palais, un château d'aspect imposant comme en faisaient construire les patriciens de cette époque, car la Possonnière est bien la gentilhommière que j'ai dite, bijou intime dont la valeur réside dans l'éloquent souvenir du Maître.

Parmi les vestiges conservés à Couture on peut voir, dans l'église, les pierres tombales des sépultures de Loÿs de Ronsart et de Jeanne de Chaudrier, où les deux personnages, sculptés, joignent les mains ; lui, en armure, elle avec sa taille élégante, ses jolis traits réguliers, tous deux gardant

cet air de sérénité, si impressionnant, des statues funéraires. Le chevalier a les jambes brisées à la hauteur des genoux, et comme les deux personnages sont dressés verticalement au fond d'un placard, la svelte statue de la belle patricienne domine celle de son époux, son visage perdu dans l'ombre.

On aimerait à voir ces deux statues, types parfaits de la sculpture délicate et sobre de la Renaissance, couchées en l'attitude du repos éternel, au musée de Vendôme ou de Blois.

*
* *

Comme tout poète qui parle de soi avec sincérité, Ronsard a taillé son portrait à même ses vers, en maintes pièces où il a garde de se flatter.

Les portraits qu'on en fit, apprêtés, arrangés à la manière décorative de l'époque, ne sont pas conformes à ses descriptions. Il faut en excepter deux œuvres qui, l'une par l'autre, et portant l'empreinte de deux arts différents, nous donnent sa vraie physionomie.

Toutes deux sont au musée de Blois, toutes deux sont l'œuvre d'artistes anonymes.

A les étudier l'une après l'autre on peut identifier tous les traits essentiels de ce noble et puissant visage.

L'une est une peinture consciencieuse, solidement construite, d'un fini pénible et concis, œuvre d'un artisan plutôt que d'un artiste. L'autre, un buste de belle venue, représente Ronsard lauré, en habit de cour. Le sculpteur inconnu qui l'a taillé était un maître. Et c'est bien là, à n'en pas douter, la vraie figure du poète, puisque les traits surpris par le peintre se retrouvent, en tous leurs détails, dans l'œuvre du sculpteur.

Un troisième portrait, celui du musée de Pétrograd, bien qu'alourdi par un dessinateur malhabile, vient faire la preuve de l'authenticité et de la perfection des deux autres. C'est de l'ensemble de ces traits que nous avons pu construire l'essentielle indication de notre première page.

LES BELLES DE RONSARD

IERRE DE RONSARD est, sans conteste, le premier poète français qui ait su noblement chanter, avec de beaux accents lyriques, les tourments multiples de l'amour. Et l'on peut dire que de l'arbre généalogique des poètes Ronsard est la souche puissante et vivace. Il est le premier de ces « phares » chantés par Baudelaire, de ces phares qui éclairent tout un siècle, et dont la puissante lumière se réfracte, de loin en loin, aux miroirs magiques de l'Art.

Avant tout Ronsard est un amant, et s'il se veut savant c'est pour mieux chanter ses amours ; coquetterie toute intellectuelle dont on peut le louer doublement, puisque ce n'est pas pour situer ses idylles en de fastueux palais, mais pour en dérouler la grâce sur un adorable fond de nature : la forêt de Gastine, les rives du Loir, Saint-Cosme-en-l'Isle, Bourgueil, Meudon, et dans les verdures de ce joli manoir de la Possonnière qu'elles étreignent délicieusement.

L'Amour et la Nature !

Quand le poète ajuste, d'un doigt savant, ces deux cordes à sa lyre, elles résonnent avec la voix de l'impérissable jeunesse. Même vieux, Ronsard sut garder intacte sa jeunesse

2

de cœur. Et c'est ici qu'apparait la cause navrante de ses douleurs d'amant. Né tendre et passionné, sensible et imaginatif à l'excès, le grand Ronsard fut un véritable martyr de l'amour. Il a, dans les riches ressources de son esprit et de son cœur, de quoi émerveiller ses déesses humaines, et il semble que, plus fortement il s'attache à leur beauté, plus dédaigneusement elles s'ingénient à le fuir ou à le berner. Les plus cruelles, celles qu'il idolâtre jusqu'à la folie, Cassandre, Marie et Hélène, s'enorgueillissent d'être célébrées par un tel poète, mais toutes trois se dérobent à l'étreinte qu'il sollicite avec des accents si touchants, avec une véhémence si émouvante.

De l'histoire de ces trois grandes amours, que lui-même nous a transmise en vers fameux, si nous exceptons le *Livret des Folastries ou Gayetés*, ce qui nous parvient ressemble bien plus au platonisme de Pétrarque qu'au sensualisme d'Anacréon ou d'Horace. Plus haute et plus distante est la Dame qu'il chante et plus s'épure son désir ; ce qui ne l'empêche pas de s'ébattre en des couches très hospitalières où jamais son cœur ne s'oublia. Et nous voyons là, une fois de plus, que le poète a deux façons d'adorer Vénus, l'une serve de la volupté et l'autre de la beauté.

Lorsqu'il s'attarde, après les jeux de l'alcôve, à louer les mignardises de sa mie, ses maintiens folâtres et les savoureux dons de sa chair, il le fait en termes légers et reconnaissants ; ce sont les dernières ondes d'un bonheur sensuel qu'il essaie de fixer, d'une plume experte, sans plus ; mais que Cassandre ou Marie, inflexibles et belles, s'éloignent de son désir comme d'impalpables Eurydices, le poète retrouve ces longs cris douloureux, ces accents de regret qui vont jusqu'au sublime, ces impatiences sermonneuses dont le *Livre des Amours* nous donne le plus parfait exemple.

La douleur dans l'amour inexaucé exalte le plus pur de son génie. Et nous devons à l'inflexibilité de Cassandre des joyaux immortels et la naissance — trois siècles plus tard —

d'un autre grand poète : Alfred de Musset, qui descend directement de cette muse :

« *Il ne lui suffisait point d'avoir été aimée et immortalisée
par Ronsard ; sa fille qui s'appelait Cassandre également,
épousait, le 9 novembre 1580, Guillaume Musset, écuyer, sieur
de la Rousselière du Lude, d'Ouzoüer-le-Breuil, de la Cour-
tisie et de Pray, fils de Claude de Musset et de Marie Girard
dite de Salmet[1].* »

Ainsi le manoir de la Bonne-Aventure, berceau des Musset,
et dont le grand Alfred fut le dernier propriétaire, n'a rien à
envier à la Possonnière.

Mais que dire de cet amour — moins rebelle, s'il faut l'en
croire — que Ronsard déclinant prodigue à Hélène de Surgères, sa dernière inspiratrice ? Tant de constance, tant
d'amour refoulés dans ce cœur malheureux ont-ils enfin
attendri cette dernière adorée dont s'enrichit l'escadron
volant de la reine Catherine ? Au cours de ses visites, sous
les combles du Louvre, dans la chambre où, malade, Hélène
repose, le poète a-t-il su, à force de soins persuasifs, de tendresse éloquente, trouver le chemin de ce cœur jusqu'alors
inexorable ? Il faut en croire l'œuvre de l'amant tardivement
heureux. Les sonnets des *Amours à Hélène* sont assurément
les plus beaux, les plus clairs, les plus français et aussi les
plus émouvants de son œuvre.

Sur ce thème, M. Pierre de Nolhac a fait un sonnet
vraiment délicieux.

SONNET POUR HÉLÈNE

*Lorsque Ronsard vieilli vit pâlir son flambeau
Et connut le néant des gloires passagères,
Il voulut échapper aux amours mensongères
Et d'une chaste fleur couronner son tombeau.*

---

1. Jean MARTELLIÈRE (*Nouveaux renseignements sur Ronsard et Cassandre
Salviati*).

> *Faisant don de sa Muse et de son cœur nouveau*
> *A la jeune vertu d'Hélène de Surgères,*
> *Il confia ce nom à des rimes légères*
> *Et son dernier amour ne fut pas le moins beau.*
>
> *Ils se plaisaient ensemble à fuir les Tuileries*
> *Et devisaient d'Amour sur les routes fleuries,*
> *D'Amour, honneur des noms qu'il sauve de périr.*
>
> *Le poète songeait, triste qu'elle fût belle*
> *Alors qu'il était vieux et qu'il allait mourir ;*
> *Mais elle, souriait, se sachant immortelle.*

« Et il finit quasi en la louant » dit son vieux biographe Claude Binet, ainsi que le prouve le célèbre sonnet :

> *Quand vous serez bien vieille, un soir à la chandelle,*
> *Assise près du feu, dévidant et filant,*
> *Direz, lisant ces vers et vous émerveillant :*
> *Ronsard me célébrait du temps que j'étais belle.*

Ronsard a un thème de prédilection[1] qu'il varie en de jolies formes pour émouvoir les belles : il dresse à leurs yeux folâtres l'image de la décrépitude et de la mort, et les convie au plaisir pendant que le bel âge est là. Il dit :

> *Vivez, si m'en croyez, n'attendez pas demain,*
> *Cueillez dès aujourd'hui les roses de la vie.*

et l'invite se retrouve, divinisée, dans l'*Ode à Cassandre :*

> *Mignonne, allons voir si la rose*
> . . . .
> *Cueillez, cueillez votre jeunesse :*
> *Comme à cette fleur, la vieillesse*
> *Fera ternir votre beauté.*

1. Qui est en réalité le grand thème de la Renaissance.

ou dans cette chanson si voluptueusement triste que Lulli
souligna de sa pénétrante musique :

> *Quand au temple nous serons...*
>
> *(Mélanges.)*

où son mode de séduction est porté jusqu'aux confins de la
virtuosité et de la persuasion.

Dès la jeunesse, l'excessive adoration qu'il voue à la splen-
deur féminine l'immobilise dans une farouche timidité, et
toute sa passion contenue n'arrive à se débrider que dans la
solitude où elle s'épanche en vers incomparables, alors qu'un
effroi incoercible d'offenser d'un mot sa vivante divinité lui
donne la piteuse attitude qui le fera mépriser de celle dont
il attend les suprêmes délices.

Cela, il nous le dit lui-même, mais il apparaît bien que
seules, ses grandes muses — amours de cerveau et de cœur
le plongent dans cet état de rétractilité, réflexe qui le rend
bègue, impuissant et stupide. Jean-Jacques a depuis lors
analysé cette paralysie mentale qui s'empare des plus belles
intelligences devant l'être trop violemment aimé.

De cela nous pouvons plaindre sa mémoire, mais devons-
nous déplorer cette disgrâce qui nous vaut aujourd'hui l'or-
gueilleuse joie de relire, sans lassitude, les plus beaux vers du
xve siècle français.

Il dit à Cassandre :

> *Souffrir ne puis les rayons de ta vue ;*
> *Craintive au corps mon âme tremble émue,*
> *Langue, ni voix ne font leur action.*
>
> *Seuls mes soupirs, seul mon triste visage*
> *Parlent pour moi, et telle passion*
> *De mon amour donne assez témoignage.*

Mais Ronsard est vieux à trente ans, il nous le confesse
en ses vers avec une brutalité sincère et navrante :

> *Ma douce Jouvence est passée,*
> *Ma première force est cassée,*
> *J'ai la dent noire et le chef blanc.*
>
> *Mes nerfs sont dissouts et mes veines,*
> *Tant j'ai le corps froid, ne sont pleines*
> *Que d'une eau rousse, au lieu de sang.*
>
> *Adieu, ma lyre ! adieu, fillettes !*

Et ailleurs encore, s'adressant aux muses, il dit :

> *Pour avoir trop aimé votre bande inégale,*
> *Muses qui défiez, ce dites-vous, le temps,*
> *J'ai les yeux tout battus, la face toute pâle,*
> *Le chef grison et chauve et je n'ai que trente ans.*

N'est-ce là qu'une défaillance, qu'un accès de pessi-
misme aggravé au miroir par la mine inquiète et fâcheuse du
poète ? En tous les cas, cela trahit la terrible angoisse de cet
amant à qui il est donné d'aimer jusqu'à son dernier jour :

> *Maintenant en automne encore malheureux*
> *Je vis comme au printemps de nature amoureux*
> *Afin que tout mon âge aille au gré de la peine.*

Et malgré ces désespérances, rien n'est sain, mâle et
charmant comme le *Livre des Amours*.

**
* *

Au cours de ses longs voyages à l'étranger, Ronsard, dit-
on, fut touché d'une pénible surdité qui le mura dans ses
pensées et le rejeta vers la littérature. Il est curieux de songer
que la France doit à un accident fortuit, à une fâcheuse

maladie de l'ouïe, l'éclat d'une telle lumière dans les fastes de son histoire littéraire.

Quelques-uns de ses biographes (et ils sont nombreux !) avancent que cette maladie put lui venir aussi de l'abus qu'il fit de la bonne chère et des belles. Il faut dire que les moins cruelles de ces douces servantes de Vénus lui léguèrent de cuisants souvenirs qui ne furent sans doute pas étrangers aux troubles de son organisme surmené. De là cette otite, peut-être légère, qui donna lieu à la légende d'une complète surdité.

Que furent pour lui Rose, Denise, Catin, Marguerite, Macée, Jane et Madeleine ? Nous sommes mieux renseignés sur Astrée, Sinope et Genèvre, noms fantaisistes dont il voila, par respect, l'identité de ces étoiles de deuxième grandeur dans le ciel de ses amours. Mais les autres, s'il faut suivre ses textes, n'étaient pas des patriciennes de premier choix. Quelques-unes n'étaient que des servantes d'auberge, et deux pour le moins — Catin et Macée[1] — dispensaient les joies d'amour à de nombreux « compaings » de Ronsard.

Mais tout cela est sujet à controverse, puisque de son temps même, Ronsard trouve un Brantôme pour écrire, en parlant de sa Cassandre : « Il l'a déguisée d'un faux nom[2] », alors qu'il est bien avéré qu'elle était fille de Jean Salviati et s'appelait réellement Cassandre.

Ce qui pourrait davantage nous préoccuper, c'est ce que furent les rapports de cet homme sourd et précocement vieilli avec ces belles, et comment s'échangeaient ces amours avec les unes — les dociles — et ces cruautés et ces plaintes avec les autres — les reines de son cœur.

Des gratteurs d'archives, faisant état de tous ragots, ont exhumé les ridicules de Ronsard, son immense orgueil de lui, sa vanité de se dire issu de princes et de se proclamer hautement le seul génie de son siècle, toutes choses mesquines

1. De Macette ou plus communément putain.
2. *Vie des Dames galantes.*

en somme, et dont les grands hommes trop choyés sont coutumiers ; mais nul n'insiste suffisamment sur cette vie « d'enfermé dans le silence ». Et l'on peut croire que cette surdité fut quelque peu exagérée par lui d'abord et ensuite par ses biographes.

Ronsard au moment de cet accident nous est représenté comme un bel homme, d'allure superbe, élégant, ayant les dires d'un charmeur.

« Il estoit, dit Claude Binet, d'une stature fort belle, auguste et martiale, avoit les membres forts et proportionnés, le visage noble, libéral et vraiment français, la barbe blondoyante, cheveux châtains, le nez aquilin, les yeux pleins de douce gravité et le front fort serein, mais surtout sa conversation était facile et attrayante. »

Il a donc vingt ans, et il vivra jusqu'à soixante, c'est-à-dire que, quarante ans durant, il sera l'esclave de son infirmité, et qu'il mourra, triste, goutteux et prématurément usé, en dictant ses vers.

Cela n'apparaît pas très plausible, si l'on met en regard de ces considérations qu'il continue ses études au collège Coqueret[1], qu'il narre lui-même les réponses de ses maîtresses, qu'il évite les rencontres avec le célèbre curé de Meudon, parce qu'il en redoute les saillies, avec Mellin de Saint-Gelais et quelques autres de ses ennemis, d'aucuns irréductibles, mais d'autres moins rancuniers avec lesquels il se réconciliera sur la fin de sa vie, en particulier avec de Saint-Gelais.

Encore moins si l'on veut bien s'en rapporter à l'étude si richement documentée et si plaisante à lire de Julien Tiersot : *Ronsard et la musique de son temps.*

---

1. Avant que le collège Sainte-Barbe ait établi ses dépendances vers le haut de la rue Chartière, devenue une impasse, l'on pouvait voir encore, voici quelques années, la porte du collège Coqueret avec, sculptée en plein bois à son fronton, une coquille Renaissance. Il nous a été donné, maintes fois, de gravir le lourd escalier aux rampes massives où Ronsard et Jean-Antoine de Baïf montaient pour aller rejoindre l'excellent poète Jean Dorat, cet incomparable maître helléniste des poètes de la Pléiade.

R nsard est féru de musique. Il se délecte à ouïr chanter ses poèmes sur la musique de Marc-Antoine de Muret, de Goudimel, de P. Certon, de Janequin, de Jacques Mauduit dont le P. Mersenne dit que *les poètes qui florissaient alors ne semblaient produire leurs gentillesses que pour les faire vivre sous ses airs* ; de N. de la Grotte, de Costeley, d'Orlando de Lassus et d'autres...

Et Ronsard le sourd s'écrierait :

> *Oyant ton chant sur ton mélodieux,*
> *Je oy, je meurs. je suis plein de manie,*
> *Et tellement ton accord me manie*
> *Que je deviens et sage et furieux...*
> *Las ! pour t'ouïr que n'ai-je cent aureilles,*
> *Ou, sans t'ouïr, que ne suis-je un rocher ?*

Il vaut mieux conjecturer que ce prodigieux amant de la beauté, prenant prétexte de ses bourdonnements d'oreilles et d'un affaiblissement du sens auditif, donna le change au chevalier Loÿs, son père, pour reprendre l'unique voie pour laquelle il était destiné et qui devait le conduire à son immortelle renommée.

Quelqu'un après mille ans, de mes vers étonné,
Voudra dedans mon Loir comme en Permesse boire
Et, voyant mon pays, à peine voudra croire
Que d'un si petit champ un tel poète soit né.

P. DE R.

LE

LE
LOIR ILLUTRÉ PAR RONSARD

O petit Loir, honneur du Vendômois !

JOACHIM DU BELLAY.

'EST en longeant les rives du Loir que j'évoque cette vigoureuse image du premier prince des poètes. Et je me plais à suivre sa grande ombre en ses promenades familières, au long de la rivière, autour de ses prieurés, de ses demeures de plaisance ; et, relisant ses vers et retrouvant ses pas, durant l'accomplissement de ce pieux pèlerinage, je sens que l'admiration et l'émotion prennent en moi une ferveur tout intime. Il aima cette gracieuse rivière comme en cette heure de solitude je me sens l'aimer. Il se complut sur ses rives avec le cher souci d'y faire revivre ses amours en une poétique guirlande. Ce Loir lui-même, quelle place de prédilection il tient dans ses pensées :

> *Quelqu'un après mille ans, de mes vers étonné,*
> *Voudra dedans mon Loir comme en Permesse boire*
> *Et, voyant mon pays, à peine voudra croire*
> *Que d'un si petit champ tel poète soit né.*

Cri d'admirable orgueil qu'on ne saurait lui reprocher, puisque l'hommage universel, puisque l'admiration des rois et des hauts lettrés viennent jusqu'en cet humble coin de Vendômois le chercher et l'exalter.

Toutes circonstances font revenir ce Loir sous sa plume :

Après toi, mon Garnier, je me rends bien heureux
De quoi mon petit Loir est voisin de la Sarthe.

Et ses amis-disciples lui font écho, dans un commerce littéraire dont le charme familier nous touche encore :

Heureuses sont tes nymphes vagabondes
Gastine sainte, et heureuses tes ondes
O petit Loir, honneur du Vendômois.

reprendra Joachim du Bellay. Ou, faisant allusion au génie du maître qui l'illustra, La Boétie dira :

Vois-tu ce petit Loir, comme il hâte le pas !
Comme déjà parmi les plus grands il se compte.

Mais chez Ronsard surtout il est l'objet d'une dilection constante :

Faunes qui habitez ma terre paternelle,
Qui menez sur le Loir vos danses et vos tours...

Il n'en veut rien ignorer ; il en a suivi le cours depuis sa source jusqu'à sa jetée dans la Sarthe. Il est venu le voir sourdre au flanc d'une colline du Perche, près de l'humble village d'Illiers, au-dessus de Bonneval ; et, tout petit, menu lacet d'argent, il le prône déjà et l'exalte avec tendresse. C'est un Loir enfantelet dont le cours grossissant s'élargira aussi dans son vers.

Source d'argent toute pleine
Dont le beau cours éternel
Fuit pour enrichir la plaine
De mon pays paternel,

> *Sois hardiment brave et fière*
> *De le baigner de ton eau :*
> *Nulle française rivière*
> *N'en peut laver un plus beau.*

Quelquefois il le sermonne, il le gourmande comme un père mécontent de son fils chéri, ainsi qu'en ce sonnet où il lui reproche de l'avoir voulu noyer :

> *Répon-moy, meschant Loir, me rends-tu ce loyer*
> *Pour avoir tant chanté ta gloire et ta louange ?*
> *As-tu osé, barbare, au milieu de ta fange*
> *Renversant mon bateau, sous tes flots me noyer ?*

Mais c'est là encore un cri de tendresse. Et n'est-ce pas ce Loir qu'il décrit, sans le nommer, dans cette élégie incluse dans les *Amours*, où il déclare renoncer à Hélène à cause de sa rigueur ?

> *J'aimais le cours suivy d'une longue rivière,*
> *Et voir, onde sur onde, allonger sa carrière,*
> *Et flot à l'autre flot en roulant s'attacher,*
> *Et, pendu sur le bord, me plaisoit d'y pescher,*
> *Etant plus réjouy d'une chasse muette*
> *Troubler des escaillez la demeure secrette,*
> *Tirer avecq' la ligne, en tremblant emporté*
> *Le crédule poisson pris à l'haim apasté...*

Oh ! comme il nous plaît de voir cet olympien se divertir ingénument au passe-temps de pêcheur à la ligne ! Comme il est plus beau d'être si naturel, si humain ! Et comme ces quelques vers détruisent ironiquement la raideur académique, la caricature compassée que les officiels de son temps, et quelques autres depuis, en ont voulu dresser. Nous sommes

loin ici de cette sorte d'Augustan, qu'on surnommait trop pompeusement « l'Homère gaulois » ou « le Vaticinateur apollin ».

La gaîté murmurante et souple de l'eau, son action bienfaisante sur les opulents paysages riverains, la poésie de ses reflets, contentent l'âme vacancière du poète, et toujours la forme de son vers se diversifie pour en noter les aspects :

Par tous les vers consacrés à son Loir Ronsard évoque les gracieux et verdoyants paysages de Croix-Val, d'Artins, de la forêt de Gastine, de Bourgueil ; aussi les paysages baignés par les *fontaines* qu'il a si tendrement chantées, et par les jolis affluents de ce Loir : la Braye et la Cendrine. Et dans ses souvenirs le Loir l'emporte sur la Loire et la Seine, qu'il soit au Mans, à Saint-Cosme-en-l'Isle ou à Bellozane ; ou que, longeant la Bièvre, chérie par Hugo depuis, il s'égare en joyeuse compagnie sous les ombrages de Gentilly, d'Arcueil ou de Vanves, ou encore sur les hauteurs de Meudon et de Saint-Cloud qui dominent la Seine.

Les Ronsardistes ont pu remarquer facilement, au cours des lectures, combien est fraîche l'inspiration du poète lorsqu'il se laisse influencer par les paysages herbeux des rives du Loir, et comme tout pédantisme tombe de lui-même devant une source de poésie aussi prenante. Il y aurait tout un volume à édifier sur ce thème, et là s'apercevrait, dépouillé de toute afféterie, le vrai, le grand, l'humain et génial Ronsard.

Jusqu'à la mort il le chantera, ce Loir. Et l'on s'étonne que l'agonisant du prieuré de Croix-Val, où lui-même avait ordonné l'érection de son sépulcre, ait changé de disposition à son heure dernière et se soit rapproché de la verte Loire. Faiblesse de mourant « qui pensait recouvrer plus facilement ses commodités à subvenir à sa maladie et satisfaire à l'opinion qu'il avait que le changement d'air lui apporterait quelque secours », dit Claude Binet.

C'est pourtant à Croix-Val qu'il a rimé son épitaphe. Et son suprême désir, celui qui va par delà la mort, semble avoir été de reposer dans une île du Loir, afin que l'éternelle et rafraîchissante caresse de la petite rivière glissât à l'entour de son tombeau.

> *Quand le ciel et mon heure*
> *Jugeront que je meure*
> *Je veux, j'entends, j'ordonne*
> *Qu'un sépulcre on me donne*
>
> *. . . . .*
>
> *...en cette isle verte*
> *Où la course entr'ouverte*
> *Du Loir autour coulant*
> *Est accolant.*
> *Là, où la Braye s'amye*
> *D'une eau non endormie*
> *Murmure à l'environ*
> *De son giron.*

Ronsard fut donc inhumé près de Tours, dans son autre prieuré de prédilection, à Saint-Cosme-en-l'Isle. Et de ce tombeau, qu'il voulait, *non près des rois levé, ni d'or gravé*, rien ne subsiste. Et il n'est personne pour dire, à l'heure actuelle, où reposent les cendres du grand poète, ou si les vents ne les ont pas éparpillées à travers cette aimable nature qui lui fut si chère.

RONSARD
DEVANT LA POSTÉRITÉ

ONSIDÉRONS maintenant cette grande figure en face de la postérité qui l'a louée, encensée, exaltée et bafouée tour à tour. Suivons à travers les quatre siècles qui viennent de s'écouler les déformations de cette prodigieuse personnalité, son exaltation vivante, son effritement, sa léthargie, sa lente résurrection, et, à nouveau, le rayonnement de son apothéose éternelle.

* * *

Jadis l'Académie des Jeux floraux décernant à Ronsard la plus haute récompense qu'elle accorda jamais — la Minerve d'argent — le proclama « le grand poète français par excellence », et Montaigne ratifia nettement ce suprême hommage par ces quelques mots bien dignes de son viril esprit :

« Quant aux Français, je pense qu'ils ont monté la poésie au plus haut degré où elle sera jamais ; et aux parties en quoi Ronsard et du Bellay sont excellents, je ne les trouve guère éloignés de la perfection ancienne. »

Ainsi en jugeaient presque tous les grands hommes de

cette époque, et c'est à quoi s'accorde l'admiration que nous voulons exprimer ici.

Pour nous Ronsard n'est pas le « Pindariseur » sans goût, le pédant : *Dont la muse en français parle grec et latin*[1] et dont le sieur Malherbe, son assassin officiel, biffa, vers à vers, tous les poèmes, après en avoir retenu toutefois les précieuses leçons[2]. C'est au contraire le premier héros des lettres françaises qui se soit vraiment préoccupé de léguer une forme à la poésie, qui ait su savamment diversifier les rythmes, alternant les pairs et les impairs, affermissant et déterminant les règles de l'alexandrin, créant le mode oratoire poétique et lui donnant une ampleur qui ne fut jamais dépassée depuis.

C'est, en outre du poète d'amour le mieux inspiré de son siècle et du chantre de la nature aux expressions variées, le poète civique dont les Chénier et les Hugo devront s'inspirer plus tard ; c'est le courtisan raffiné, élégant, le voluptueux toujours en quête de la rare beauté ; l'ami et le confident des plus célèbres personnalités de son époque ; c'est le studieux et brillant élève de Daurat[3], le maître helléniste et latiniste qui eut la plus heureuse influence sur son génie. Il est aussi le compagnon d'étude et l'ami d'un autre grand poète, le plus grand, après lui, de ceux de la Pléiade : Joachim du Bellay[4], et enfin il est le flambeau de toute une génération poétique désormais immortelle.

Par tous les documents qui nous sont parvenus, nous pouvons suivre Pierre de Ronsard dans sa vie poétique officielle et familière, pénétrer ses goûts les plus secrets, et juger des grands courants d'opinion qui se formèrent autour de son nom.

1. *Art poétique*, BOILEAU.

2. La plupart des rythmes dont l'invention est attribuée à Malherbe se trouvent chez Ronsard.

3 « Daurat, pédagogue avisé, merveilleux éveilleur d'âmes, sut vite discerner les rares qualités de Pierre de Ronsard », dit le préfacier anonyme du *Ronsard* édité par la Renaissance du Livre.

4. D'autres prétendent le voir en Desportes, opinion très respectable.

Nous savons que tout en admirant et cultivant les anciens
— grecs et latins — il tient en haute estime l'œuvre de Jehan
de Meung et de Guillaume de Lorris : *Le Roman de la Rose* ;
les œuvres de Jean Le Maire des Belges et les vers de Clément
Marot ; nous savons que son siècle l'a presque déifié par la
plume de Claude Binet, par celle de ses disciples les plus
chers, et par les sobres et beaux vers d'Agrippa d'Aubigné,
cet autre poète qui brûla, lui aussi, d'un amour sans espoir
pour une Salviati, Diane, nièce de Cassandre, alors qu'il
était écuyer d'Henri de Navarre.

Enfin, nous savons que, peu avant l'extinction de son astre,
son dernier défenseur, Guillaume Colletet, lui dressa un ardent panégyrique auquel Balzac, ce grand faiseur de réputa-
tions de la cour de Louis XIII, répondit par un jugement
désinvolte, sorte de coup de pied de l'âne qui enterra le
poète pour la seconde fois ; il osa formuler, en parlant de
Ronsard, que c'était là « le commencement et la matière
d'un poète ».

Hélas !... Malherbe vint !

Malherbe, sec et prétentieux rimeur, gratteur de mots,
sans audace ; et, plus tard, Boileau, superlativement pédant,
le vouent aux gémonies, alors que Racine et Corneille, ces
deux purs génies, le nomment et le saluent avec honneur dans
leurs préfaces. La Fontaine, le bon La Fontaine lui-même,
ne l'ayant point lu, l'ignorant presque, le méprise sur les
dires de Boileau. Après eux Voltaire brûlera de son ironie
corrosive ce qui subsiste encore de cette gloire gênante,
croyant expliquer par une boutade la brillante renommée du
poète.

« C'est qu'on était barbare au temps de Ronsard ! » et i
reprendra, au bénéfice de Malherbe, les inepties rimées par
l'auteur de l'*Art poétique*.

C'est trop d'accablantes critiques envers ce bel artiste

des lettres qui, avant d'œuvrer, fut le défricheur d'une langue incertaine, d'un jargon plutôt, et qui, en cela, continuait les efforts de Clément Marot, le modèle que, dans sa jeunesse, il rêvait d'égaler.

Le XVIIe siècle a condamné le génie de Ronsard ; le XVIIIe l'a méconnu et la première moitié du XIXe s'est décidée à le reconnaître par la plume d'un bibliographe obscur mais dont nous devons retenir le nom : Georges Pinvert. Il est consolant de montrer que, malgré toutes les lâchetés, les erreurs et les dévorantes ambitions de ses détracteurs, un tel poète fut toujours reconnu des siens, de ses frères de génie, des hautes et incorruptibles consciences d'artistes qu'il éblouit de sa pensée et de son verbe.

On pourrait exhumer ici la couronne poétique que ses contemporains lui tressèrent, citer les cris d'enthousiasme et d'admiration que du Bellay, Pasquier, Belleau, Barthas, Mlle de Gournay, Jodelle, de Magny, Etienne de la Boétie, Antoine de Baïf, Vauquelin de la Fresnaye, Amadis Jamin, Ponthus de Thyard, Daurat et d'autres firent jaillir de leur talent et de leur cœur, mais il y a là matière à un volume. On pourrait également évoquer le célèbre concours, institué sous Louis XIII, aux fins de dresser une épitaphe glorieuse à Ronsard — cette épitaphe qu'on lui attribue à tort et dont l'auteur lauré fut Jean Héroard — mais laissons maintenant, après l'enfouissement d'une telle personnalité dont l'ostentatoire XVIIe siècle et le frivole XVIIIe siècle porteront la honte, la seconde moitié du XIXe siècle le réhabiliter.

Il siérait néanmoins, en face de cette résurrection, de ne pas trop insister sur cette disgrâce temporaire qui semble l'œuvre malfaisante de lamentables pédants, de plats professeurs en mal de littérature, d'ergoteurs sans pensée qui se sont acharnés sur les faiblesses d'une œuvre sans en comprendre les beautés.

A Sainte-Beuve revient le très grand honneur d'avoir renversé toutes les préventions accumulées contre l'œuvre de

Ronsard. Les pages que le grand critique consacre au grand poète dans le *Tableau historique de la littérature française au* XVIe *siècle* sonnent une fanfare de rédemption et d'apothéose. En suite de quoi, Ferdinand Brunetière et Emile Faguet ont su continuer dignement, sur le ton du respect et de l'admiration, cette œuvre de réparation tardive.

⁎

L'historiographe Claude Binet, qui fut aussi l'ami du poète, semble donner le ton à tous les biographes modernes. Sa notice sur la vie de Ronsard est, croyons-nous, la plus sincère, sinon la plus vraie, qui puisse être consultée, avec celle de Guillaume Colletet. Cependant, soit négligence voulue, soit que, contemporain ébloui par le seul génie du Maître, il dût ne pas voir tous les petits « à-côtés » de cette vie glorieuse, Claude Binet a laissé sur le champ bien des glanes à faire.

Prosper Blanchemain a reconstruit, patiemment et avec un jugement sûr, le monument magistral que Ronsard avait jadis édifié, en huit volumes, pleins de la meilleure matière des *Amours* et des *Odes*. Car l'œuvre a souffert de par les incertitudes de Ronsard lui-même, au gré des éditions refondues, tronquées et, plus tard, truquées par d'autres. Et c'est devant cette édition épurée — celle de Blanchemain — que le hautain et noble critique, Jules Barbey d'Aurevilly, embouche le buccin apocalyptique de la haute louange. En vingt pages d'une fougue lyrique insurpassable, l'auteur des *Diaboliques* dresse une statue en or du dieu Ronsard. Et il conclut : « Il eût fallu envoyer cette édition à Hugo pour lui apprendre à être modeste, car Victor Hugo doit baisser mélancoliquement les yeux devant Ronsard. Victor Hugo, c'est Ronsard, en effet, mais après Ronsard, dans une langue toute faite : tandis que Ronsard était, dans une langue qui n'était pas faite, un Victor Hugo avant Victor Hugo. »

Et, parmi les fervents de Ronsard, après Prosper Blanchemain, nous retrouvons, toujours au premier rang, MM. Auguste et Henri Longnon à qui nous devons tout un trésor
de documents précis, présentés et commentés avec un goût
littéraire très sûr, et aussi l'identification de la célèbre Cassandre ; M. Hallopeau, l'actuel propriétaire de la Possonnière, qui eut tout le loisir de se pénétrer des influences
occultes du grand Maître *renaissant* ; M. Jean Martellière,
qui ne s'est pas arrêté de fouiller les recoins de cette vie mou-
vementée et vaillante, qui, parfois mal inspiré, se complaît
à diminuer son héros par des remarques mesquines ; M. J. Z.
Jusserand, qui retrace d'une plume égale, mais fortement
documentée, la vie entière du poète. Son *Ronsard* est un devoir
consciencieux, écrit sans fougue mais d'une belle tenue. Et
viennent ensuite M. Paul Laumonier, qui pourrait, à lui
seul, revendiquer l'honneur d'avoir dit tout ce qui se devait
sur Ronsard[1] ; M. Achille de Rochambeau, qui dressa scru-
puleusement — malgré quelques erreurs — toute la généalogie du poète, et elle ne ressemble guère à celle que Ronsard
lui-même essaie d'accréditer auprès de ses contemporains,
cette généalogie fantaisiste, d'un pré-romantisme poin-
tant, qui le fait sourdre des rives du Danube ; et, tout
particulièrement nous avons à cœur de mentionner les
consciencieux travaux de M. Pierre Dufay, ex-bibliothécaire
de Blois, philologue doublé d'un charmant écrivain.

*
* *

M. Auguste Dorchain est l'auteur d'un petit monument
littéraire élevé à la mémoire de Ronsard. C'est là une étude
captivante, d'une noble écriture, qui perpétue pourtant cer-

1. Avec la même réserve faite pour M. Martellière. M. Jusserand dit très
justement, parlant de cette œuvre compilatoire : « Monumentales et mémo-
rables études de M. Laumonier, offrant, il est vrai, une *image noircie et abais-
sée* du caractère de Ronsard. »

taine hérésies, mais dont l'inspiration émane d'une ardente
vénération et dont l'apparition est due au généreux souci de
la rendre populaire. On y peut voir, sans fatigue, tout ce que
la postérité doit connaître de la vie du poète, de son œuvre
et de ses amours. Nous y voyons Ronsard jeune, beau,
vivant, raffiné, spirituel, généreux, séduisant ; Ronsard
adulé, prince des poètes, aimé des rois, surtout des reines et
des princesses ; Ronsard poète conseiller de Charles IX, confident choyé de Marie Stuart qui, plus tard, lui adressera,
au cours de sa longue captivité, un somptueux présent,
sous cette dédicace :

A Ronsard, l'Apollon de la source des Muses.

Confident aussi de la princesse Marguerite de France,
cette sœur de Henri II à laquelle il voua un tendre culte qui
ne se démentit jamais, cette « Marguerite des Marguerites »
ainsi que la baptisa celui qu'elle-même appelait « le Gentil
Vendômois » ; Ronsard vieillissant, imposant au monde, par
la force de son génie, la mémoire de ses belles adorées : Cassandre, Hélène et Marie ; Ronsard, étoile de première grandeur de l'immortelle Pléiade ; Ronsard, qu'Amadis Jamin,
au nom de tous les disciples du Maître, reconnaît pour chef
par ce beau vers :

Le cerveau de Ronsard nous a donné naissance.

enfin Ronsard réapparu au seuil de l'immortalité.

Voilà ce que M. Dorchain nous offre en préface des chefs-
d'œuvre lyriques du poète[1], choix heureusement tamisé et
joliment présenté de ses meilleurs vers : les *Amours* et les
Odes. Toute la fougueuse invention du grand rénovateur de
la langue française y éclate en mille fleurs brillantes dont les
plus belles dureront autant que la littérature, étant touchées
par l'étincelle du génie.

Outre les belles pages de M. Dorchain, qui éclairent la vie

1. A. Perche, édit. (maintes fois réimprimé).

et l'œuvre du poète d'un jour magnifique, il faut lire en tête d'une réédition du *Livret des Folastries ou Gayetés*[1] la claire préface de M. Ad. van Bever, où le héros-poète est campé de main de maître. Là, nous apercevons un Ronsard plus intime, plus débraillé, en un mot plus humain — les dieux aiment parfois à s'amuser — et, chose qui déplaît souverainement à ses modernes compatriotes, un Ronsard paillard et folichon qui ne se cache pas de ses amours ancillaires, qui s'évertue à des facéties empreintes de sel gaulois. Là ce «folastre» va jusqu'à nous chanter le plus naturellement du monde les secrètes frondaisons et la « vermeillette fente » de sa maîtresse. Il est le même qui, dans la forêt de Gastine, baptise les fontaines du nom d'un souvenir sensuel, ainsi l'atteste la fontaine de Miracon[2].

Tout ceci pour dire que M. van Bever, qui est un bibliographe de premier ordre, ne saurait s'arrêter en si bon chemin. Les deux livres des *Amours* qui ont déjà vu le jour à la librairie Crès appellent encore six autres volumes, préfacés par lui, annotés, agrémentés de toutes les variantes des

1. Mercure de France, édit.

2. Ici, l'auteur du *Livret des Folastries* apparaît en toute sa verdeur savoureuse. Tout jeune encore, il s'avère du siècle de Rabelais et de Brantôme, sieur de Bourdelles. Et c'est la seule boutade érotique du galant poète qui se soit transmise jusqu'à nos jours par la bouche de ses compatriotes, mais que nul livre n'a mentionnée. Le dieu de l'heure, alors en toute sa beauté, se promenait en galante compagnie dans la forêt de Gastine. Sa dame, dont le nom ne s'est pas conservé, était folâtre et belle, et lui, disert compagnon, très épris, la lutinait, la pressant de propos amoureux. Et comme ils allaient devisant, une fontaine minuscule, inconnue de Ronsard, faillit les faire broncher. Comme un œil de la terre la source était là, devant eux, bleue de tout l'éclat du ciel, avec tout autour des cils herbeux et fleuris. La voyant si petite, la belle fille, par un caprice enfantin, l'enjamba et, se maintenant au-dessus, jambes écartées, s'écria : « Elle est à moi, la petite fontaine ! » De crainte de tremper ses cottes, elle les relevait très haut, et Ronsard, s'avisant que la belle était sans pantalon, se pencha sur la source... Se relevant soudain, il prit une pose méditative, poing sur la hanche, un doigt au front, et, gravement, comme s'il se fût agi d'un acte sacerdotal, il articula, en étendant le bras : « Ma mie ne bougez plus ! Et toi, petite fontaine, par la grâce de Dieu, en souvenir de ma beauté, je te baptise Fontaine de Miracon ! » La belle se prit à rire et, n'ayant dès lors plus rien à refuser au dieu des poètes, ne se fit faute de confier à ses compagnes la graveleuse facétie de son amant. Pour qu'elle soit acceptable la tradition verbale a quelque peu dénaturé le nom de cette fontaine.

diverses éditions : monument plus complet encore que celui
de Blanchemain en ce qu'il respecte intégralement la langue
originale du poète, l'ordre des éditions, avec un glossaire qui
nous renseigne sur toutes les intentions de Ronsard.

*
* *

Nombreux sont ceux que les muses de Ronsard ensorce-
lèrent et qui vinrent déposer au tombeau du « Cygne Vendômois » une palme nouvelle.

Dès que le branle de la réhabilitation est donné, nous
voyons apparaître cette éphémère « Ecole romane »[1] dont
Jean Moréas fut le grand chef, et tous ses adeptes « ronsar-
diser » à l'envi. A travers toutes les imitations et les plagiats,
le génie de l'Ancêtre, sans cesse invoqué, semble un majes-
tueux soleil rougeoyant qui déchire les brouillards obstruc-
teurs de la mauvaise foi et de l'ignorance.

Après l'excessive louange de son siècle et l'excessif mépris des siècles qui suivirent, le nôtre se devait d'honorer
noblement un tel précurseur.

Victor Hugo, qui l'a lu et qui l'admire, s'en laisse influencer souvent autant que de Virgile, et parfois il s'amuse, génie
pastichant un génie[2], à jouer sur la lyre de Ronsard :

RONSARD

C'est fort juste, tu veux commander en cédant ;
Viens, ne crains rien ; je suis éperdu, mais prudent ;

---

1. Cette Ecole romane qui n'a même pas laissé de monument littéraire
à la mémoire du grand homme dont elle se recommande. Et l'orgueilleux
Moréas, qui a pris le ton du grand Vendômois, ne se soucie même pas de
reconnaître les sources de son œuvre.

2. *Les Idylles.*

Suis-moi ; c'est le talent d'un amant point rebelle
De conduire au milieu des forêts une belle,
D'être ardent et discret, et d'étouffer sa voix
Dans le chuchotement mystérieux des bois.
Aimons-nous au-dessous du murmure des feuilles ;
Viens, je veux qu'en ce lieu voilé tu te recueilles,
Et qu'il reste au gazon par ta langueur choisi
Je ne sais quel parfum de ton passage ici ;
Laissons des souvenirs à cette solitude.
Si tu prends quelque molle et sereine attitude :
Si nous nous querellons, si nous faisons la paix,
Et si tu me souris sous les arbres épais,
Ce lieu sacré pour les nymphes obscures ;
Et le soir, quand luiront les divins Dioscures,
Ces sauvages halliers sentiront ton baiser
Flotter sur eux dans l'ombre et les apprivoiser ;
Les arbres entendront des appels plus fidèles,
De petits cœurs battront sous de petites ailes,
Et les oiseaux croiront que c'est toi qui bénis
Leurs amours et la fête adorable des nids.
C'est pourquoi, belle, il faut qu'en ce vallon tu rêves,
Et je rends grâce à Dieu, car il fit plusieurs Eves,
Une aux longs cheveux d'or, une autre au sein bruni,
Une gaie, une tendre, et, quand il eut fini,
Ce dieu, qui crée au fond toujours les mêmes choses,
Avec ce qui restait des femmes fit des roses.

Et c'est un renouveau de louanges poétiques, une autre
fastueuse couronne de sonnets dont le quatorzième vers se
souligne des meilleurs noms : Théophile Gautier, Sainte-
Beuve, François Coppée, Albert Glatigny, Sully Prudhomme,
Joséphin Soulary, Paul Bourget, Pierre de Nolhac, José-
Maria de Heredia, Henri de Régnier, Auguste Dorchain,
Léon Séché, Georges Lafenestre, etc... et qui semble une
réplique à celle que lui offrit la fameuse Pléiade.

Ce beau sonnet de Heredia peut en fournir l'exemple :

SUR LE «LIVRE DES AMOURS» DE PIERRE DE RONSARD [1]

Jadis plus d'un amant, aux jardins de Bourgueil
A gravé plus d'un nom dans l'écorce qu'il ouvre,
Et plus d'un cœur, sous l'or des hauts plafonds du Louvre,
A l'éclair d'un sourire a tressailli d'orgueil.

Qu'importe ! Rien n'a dit leur ivresse ou leur deuil ;
Ils gisent tout entiers entre quatre ais de rouvre,
Et nul n'a disputé, sous l'herbe qui les couvre,
Leur inerte poussière à l'oubli du cercueil.

Tout meurt. Marie, Hélène et toi, fière Cassandre,
Vos beaux corps ne seraient qu'une insensible cendre
— Les roses et les lys n'ont pas de lendemain —

Si Ronsard, sur la Seine ou sur la blonde Loire,
N'eût tressé pour vos fronts, d'une immortelle main,
Aux myrtes de l'amour les lauriers de la gloire.

Et aussi ces deux vibrants tercets d'un autre sonnet de François Coppée : *Ecrit sur un Ronsard* :

Ainsi pour toi, Ronsard, ma nuit s'est occupée.
J'ai tenté, moi, ton humble et fidèle apprenti,
Ton fier sonnet, flexible et fort comme une épée.

Sous mon marteau sonore a longtemps retenti
Le bon métal qui sort vermeil de l'âtre en flamme ;
Et j'ai gravé ton nom glorieux sur la lame.

1. *Les Trophées*, Lemerre, éditeur.

*_**

De nos jours les éditions des *Amours* se multiplient, les anthologistes cueillent les fleurs de cette œuvre, et les panégyristes brandissent le laurier désormais impérissable de notre plus grand poète français, après Villon et avant Hugo ; et enfin s'affirment l'éclatante réparation due à la victime de cet ensevelissement inique, et le blâme véhément contre une postérité ingrate. Comme le phénix, Ronsard renaît de ses cendres : *Extincta Revivisco.* Flaubert, qui n'est pas un rimeur, mais un enthousiaste de la forme et un puissant évocateur, s'écrie, au lendemain de la découverte de Ronsard :

« J'ai un Ronsard complet[1], deux volumes in-folio que j'ai fini par me procurer. Le dimanche nous le lisons jusqu'à nous défoncer la poitrine... Tu ne t'imagines pas quel poète c'est que Ronsard ! Quel poète ! quel poète ! quelles ailes ! »

Et le noble poète Henri de Régnier qui s'y connaît, lui, indique sobrement, d'un trait, le grand rôle joué par Ronsard dans notre littérature :

« C'est Pierre de Ronsard qui fit le vers français et, à travers une lacune séculaire, le légua à André Chénier à qui Hugo le reprit après avoir puisé, en arrière, dans tous les grands auteurs du XVIe siècle qui le pratiquèrent[2].

*_**

A part tout le fatras compilatoire qui se déverse, depuis quelques années, sur la mémoire de Ronsard, des pages fort belles ont été écrites à son sujet. En passant, nous voulons mettre sous les yeux de nos lecteurs celle-ci, qui est une des plus nobles et des plus prenantes, une des plus justes qui aient glorifié le grand Vendômois ; page dont la beauté définitive nous fait regretter l'anonymat de l'auteur. Nous vou-

1. *Correspondance.*
2. *Figures et caractères.*

lons parler du préfacier du *Ronsard* édité par la Renaissance
du Livre, qui sut si bien dégager, en ces lignes substantielles,
le véritable caractère poétique de Ronsard :

« Il n'est plus personne aujourd'hui pour ignorer quelle fût,
dans ses grandes lignes, l'œuvre de la Pléiade. Chacun sait
que les poètes de ce groupe prétendirent renouveler la poésie
française par l'imitation des poètes grecs et latins, et qu'aux
formes fixes de poèmes dont le Moyen âge avait usé, comme
le rondeau, la ballade, le chant royal, le virelai, ils prétendirent substituer les formes antiques, comme l'ode, la satire,
l'épigramme, ou des formes modernes dont la valeur esthé-
tique leur paraissait supérieure, comme le sonnet italien.

. . . .

« Voici quelles furent les préoccupations de la Pléiade et,
partant, celles de Ronsard. Elles expliquent certaines pièces
dont l'orgueil infini peut surprendre mais dont la noblesse
séduit. Elles expliquent aussi cette sensation d'efforts perma-
nents qu'on ressent à la lecture des œuvres du poète, et dont
certains lui font grief, sans toutefois réussir à nous persuader
que la contrainte exercée par Ronsard sur lui-même ait
réussi à étouffer sa véritable nature. En effet, malgré l'imitation systématique des poètes anciens, une érudition parfois encombrante et pédantesque, Ronsard laisse admirer
dans ses poèmes l'originalité d'un des plus beaux tempéra-
ments de poète que la France ait jamais possédés.

« Il n'avait pas besoin, pour être sensuel, d'Anacréon, des
alexandrins ni des élégiaques latins, il l'était simplement,
ingénument, avec une franchise qui va parfois jusqu'à la
brutalité ; et il mêlait à ses sensations voluptueuses ce qu'un
homme comme Villon avait bien senti, mais ce que les poètes
anciens, qui n'aimaient pas s'appesantir sur l'infinie tristesse
du monde, n'avaient fait qu'effleurer : la détresse de voir périr
les belles formes[1] et le sentiment poignant que chaque heure qui

---

1. *La matière demeure et la forme se perd.* RONSARD.

passe enlève aux splendeurs vivantes un peu de leur beauté.

« Il aimait également la nature, un peu à la façon des Grecs, ses maîtres, pour les fraîches sensations qu'une âme délicate et fine en peut tirer, mais il l'aimait aussi en Français, de la même manière que du Bellay, en homme attaché à son coin de champ, à son terroir, et son Vendômois lui semblait plus aimable que les plus beaux pays qui fussent sous le ciel. »

C'est là, nous le répétons, une des pages les mieux inspirées parmi celles qui furent écrites sur le poète, et ce nous est une joie, à nous Vendômois, d'exalter cet hommage rendu à son génie. Et nous pourrions ajouter à cela le *Mémoire sur Ronsard* de M. Albert Thibaudet, qui obtint, en 1906, le prix d'éloquence à l'Académie française : encore une page de haut style et de fervent lyrisme que n'encombre pas une vaine et trop pesante érudition.

M. Pierre Louÿs, ronsardiste de longue date, qui présenta les *Amours de Marie* au *Mercure de France* en 1897, par une curieuse mais très inexacte préface[2], va nous doter d'un nouveau *Ronsard* qui, nous l'espérons, sera moins légèrement traité. Et d'autres zélés auteurs se lèvent pour enfler cette gloire prodigieuse. Autant d'esprits soucieux d'exalter la mémoire du rayonnant poète, et qui ne laissèrent et ne laisseront obscure aucune des particularités de cette vie partagée entre l'amour, la gloire et la douleur.

Vous me direz alors : pourquoi écrire ceci, puisque tout semble avoir été dit sur ce colosse glorieux ?

Je répondrai : pour l'exalter encore et, dans cette esquisse simplifiée, juxtaposée à toutes les études précédentes, faite peut-être de toutes ces études, glisser des sensations qui traversèrent mon âme vendômoise à la confrontation de l'œuvre et du décor qui la vit naître et se développer.

---

1. M. Pierre Louÿs nous représente Marie comme un laideron que Ronsard aurait voulu diviniser dans ses chants... et se plaît à détruire dans une forme acrimonieuse tout ce qui nous est parvenu des Amours du poète.

Conclusion

AMAIS le gentil Vendômois n'aura si puissamment régné sur le monde littéraire... et cela il le savait !

Quelqu'un, après mille ans, de mes vers étonné...

Ce qu'il y a de merveilleux en Ronsard c'est la prescience de la destinée de son œuvre, comme il apparaît, par éclairs, en maints de ses vers.

Les grands génies ont de ces lueurs. Baudelaire — cet autre orgueilleux — dit avec plus de modestie :

Je te donne ces vers afin que si mon nom
Aborde heureusement aux époques lointaines...

Ici, il y a restriction, tandis que Ronsard, lui, s'admire ingénument dans la tranquille fierté de son génie. Il se mire dans son vers. Rêve, imagination, érudition, vérité, tout passe à la fonte et s'allie dans l'admirable instrument lyrique qu'est sa poétique.

Même quand il ment, même quand il se trompe, aucun enseignement ne peut nous être plus précieux que ses dires. Aucun document ne nous apportera le mot juste, le fait patent d'un épisode lointain, le caractère d'une idole choyée et par là déformée, comme ces cris jaillis d'une âme hautement inspirée.

Seul, il porte son siècle, l'âme de ce siècle, des visions qui ne sont plus les nôtres, et nous devons nous en rapporter à

lui. Les documents, souvent contradictoires, pleins de lacunes que comblent parfois des conjectures erronées, n'apportent pas la vie palpitante de l'œuvre. Ronsard se retrouve
tout entier dans son vaste poème.

Lisons-le donc ! relisons-le !

Son souci est tel, parfois, de se dire exactement que
maint sonnet se mire dans un autre comme un calque repris
et corrigé. Dans cette œuvre considérable, il vit, souffre,
exulte ou se désespère ; il aime et admire avec une passion
vibrante, désordonnée, l'éternelle beauté ; dénigre, devant le
miroir, sa jeunesse prématurément ruinée, et, comme tous
les grands voluptueux, sait parler à la Mort comme à une
dernière amante [1].

C'est l'homme de génie tourmenté dans son heure d'éternité, parce qu'il se sait un des grands jalons de la route littéraire dont il pressent le devenir...

Il fallait que toutes les pensées de ceux qui l'ont aimé,
tourmenté, abominé, ou qui, par un orgueilleux égoïsme, ont
rêvé son effacement, fussent rapportées.

Ce raccourci n'est fait que de lueurs, d'aperçus, et ceux qui
voudront se complaire à des recherches méticuleuses sur ce
héros de poésie trouveront chez les bibliographes, cités plus
haut, de quoi satisfaire leur respectable curiosité ; et pour
que rien ne leur soit ignoré, nous ajoutons, en fin de volume,
une bibliographie complète sur Ronsard et son œuvre [2].

Pour nous, nous ne savons, nous ne voulons que l'admirer,
et nous regrettons de ne pouvoir marquer plus fortement
cette admiration.

1. Voir l'*Hymne à la Mort* où passe le souffle de Lucrèce.

2. Nous ne saurions mettre à jour l'apport grandissant à cette bibliographie que le quadricentenaire de Ronsard fait jaillir de toutes parts,
mais nous n'y faillirons point à la réédition.

BIBLIOGRAPHIE

DE

P. de Ronsard et de ses Œuvres

ÉTABLIE PAR LES SOINS

D'EDMOND ROCHER

EN COLLABORATION AVEC

MM. PIERRE DUFAY ET ADOLPHE VAN BEVER

Angot. Ronsard et l'Abbaye de la Roë.
> *Annales fléchoises*, t. VII, 1906, p. 196.

Arnould (Louis). Racan (1589-1670).
> Paris, Colin, 1898, in-8º, et 2ᵉ édition, 1901, in-8º.

Aubigné (Mémoires de Théodore Agrippa d'), édition L. Lalanne.
> Paris, Charpentier, 1854, in-12, de XII-468 pages.

Banville (Th. de). Petit traité de poésie française.
> Paris, Bibliothèque de l'Écho de la Sorbonne, 1872 ; in-12.

Barbey d'Aurevilly (J.). Les Œuvres et les Hommes : Ronsard. (Les Poètes).
> Paris, Lemerre (L'édition originale avait paru chez Amyot).

Barbier (Jules). Inauguration de la statue de Ronsard à Vendôme, le dimanche 23 juin 1872. Discours de M. Barbier, membre de l'Académie.
> Paris, Firmin-Didot, in-4º, de 11 pages.

Barthou (Louis). De Montaigne à Malherbe : Conférence faite à l'Université des " Annales ", le 26 janvier 1920.

> *Conferencia*, journal de l'Université des *Annales*, 1920, n° 12, p. 4 à 15.

Becq de Fouquières. Poésies choisies de Pierre de Ronsard.

> Paris, Charpentier, s. d. [1873], in-12, de XXXVI-396 p.

Belessort (André). Notre Ronsard.

> *Revue des Deux-Mondes*, 1er et 15 octobre 1911, p. 530-556, 772-804.

Binet (Claude). Discours de la vie de Pierre de Ronsard, gentil-homme Vandômois, prince des poètes françois, avec une eclogue représentée en ses obseques, par Claude Binet. Plus les vers composez par ledict Ronsard peu avant sa mort : ensemble son Tombeau recueilli de plusieurs excellens personnages.

> A Paris, chez Gabriel Buon, au clos Bruneau, à l'image S. Claude, MDLXXXVI. Avec privilège du Roy, in-4° de 128 pages (1).
>
> Nouvelles éditions remaniées en 1587 et 1597. Voir l'édition critique de M. Paul Laumonier.

— Discours de la vie de Pierre de Ronsard.

> Textes de 1586, 1587 et 1597. Réimprimé par Mlle Helene Evers : *Critical Edition of the* « Discours de la vie de Pierre de Ronsard, etc. » Philadelphie, The John Winston Co., 1905, in-8°, et par P. Laumonier : *Vie de Pierre de Ronsard 1586*, édition critique. Paris, Hachette, 1910, in-8°.

— Ronsard.

> Paris, Lecène et Oudin, 1891, in-8°.

Bizos (Gaston). Ronsard.

> Bibliothèque des Classiques populaires. Bavin, édit. Paris, 1923.

Blanchemain (Prosper). Œuvres inédites de Pierre de Ronsard, gentilhomme vendômois.

> Paris, Aubry, 1855, in-folio et in-12.

---

(1) Sur les Buon, voir les notes consacrées aux éditeurs de Ronsard.

Blanchemain (Prosper). Lettres à Théodore de Banville : La tombe de Ronsard (13 juin 1870).

Intermédiaire des Chercheurs et Curieux, LXXXVII, c. 230-232.

— **Ronsard dans ses rapports avec le Vendômois.**

Congrès archéologique de Vendôme, 1872, p. 591-600.

— **Notes pour MM. de la Société archéologique, scientifique et littéraire du Vendômois, contenant la description d'un volume ayant appartenu à Ronsard, une particularité tirée de son oraison funèbre, une pièce de vers de lui entièrement inédite.**

Bulletin de la Société archéologique du Vendômois, t. XIV, 1875, p. 58 et 68.

— **Poètes et amoureuses.**

Paris, Willem, 1878, 2 vol. in-8º.

— **Œuvres complètes de Ronsard.**

Paris, Jannet, 1857, et A. Franck, 1867, 8 vol. in-16.

Bonhoure (G.). Une lettre autographe de Victor Hugo, à propos de la statue de Ronsard.

Bulletin de la Société archéologique du Vendômois, t. XLVI, 1907, p. 237-265 (fac-similé).

— **Quelques lettres inédites à propos de l'érection de la statue de Ronsard.**

Bulletin de la Société archéologique du Vendômois, t. XLIX 1910, p. 209-222.

Bonnefon (Paul). Pierre de Paschal, historiographe du roi (1522-1565).

Paris, Techener, 1883, in-4º.

— **Ronsard ecclésiastique.**

Revue d'histoire littéraire, avril 1895, p. 244.

Boucault (Claude). Tabula aut Heroum Ronsardi.

Paris, 1601, in-8º.

Bourciez (Edouard). Les Mœurs polies et la littérature de cour sous Henri II.

Paris, Hachette, 1886, in-8º.

Bozérian (J.). Galerie des Hommes illustres du Vendômois. Pierre de Ronsard.

Vendôme, Devaure-Henrion, 1863, in-8°, de 60 pages, portrait.

Brahm (Alcanter de). Les Demeures de Ronsard.

Le Jardin de la France, mai 1907.

Brantôme (Seigneur de). Vie des Dames galantes, article III, de la veuë en amour, et Discours V^e.

Brunet (J.-Ch.). Manuel du libraire, 5e éd., et Supplément.

Paris, F. Didot, 1865 et 1878-1880, t. IV, et t. II du Suppl.

Brunetière (Ferdinand). L'Œuvre de Pierre de Ronsard.

Revue des Deux Mondes, 5 octobre 1904. (*Histoire de la littérature classique,* t. I, 2e p., Paris, Delagrave, s. d., in-18.)

— Un Épisode de la vie de Ronsard.

Revue des Deux Mondes, mai 1900. (*Études critiques,* Paris, Hachette, 1903, in-18.)

Brunot (Ferdinand). La Langue au XVIe siècle.

Chap. XII, t. III, de l'*Histoire de la langue et de la littérature françaises.* publiée sous la direction de L. Petit de Julleville. Paris, Colin, 1897, in-8°.

Chabouillet (A.). Notice sur une médaille inédite de Ronsard, par Jacques Primavera.

Mémoires de la Société archéologique de l'Orléanais, t. XV, 1876, p. 197.

Tirage à part, Orléans, G. Jacob, 1875, in-8°, de 66 pages.

Chalandon (Georges). Essai sur la vie et les œuvres de Pierre de Ronsard.

Paris, Imp. Simon Raçon, 1875, in-8°.

Chamard (Henri). L'Invention de l' « ode » et le différend de Ronsard et de du Bellay.

Revue d'histoire littéraire. janvier 1899.

— Joachim du Bellay.

Lille, Le Bigot, 1900, in-8°.

Chanteaud. Précis de l'histoire de Vendôme.

Vendôme, Empaytaz. in-12, de II-220 pages (pl.).

Chevalier (Abbé). Rapport sur la recherche des restes de Ronsard au prieuré de Saint-Cosme-les-Tours.

Bulletin de la Société archéologique du Vendômois, IX, 1870, p. 170-181.

Chollet (Louis). Le Prieuré de Saint-Cosme et le tombeau de Ronsard.

Etude publiée dans l'ouvrage de Ad. van Bever : *La Touraine vue par les écrivains et les artistes*. Paris, Louis Michaud, 1914, in-18.

Claretie (Léo). Ronsard était-il Roumain ?

Gaulois du dimanche, 11-12 novembre 1912.

Clément (P.). Monographie de Ternay (le Prieuré de Croix-Val).

Paris, Imprimerie nationale, 1907, in-8°, de 43 pages.

Colletet (Guillaume). Notice sur la vie et l'œuvre de Pierre de Ronsard.

Publiée par Blanchemain en tête des *Œuvres inédites*. Paris, Aubry, 1855, in-18.

Comte (Charles) et Laumonier (Paul). Ronsard et les Musiciens au XVIe siècle. Contribution à l'histoire de la Pléiade.

Revue d'histoire littéraire, juillet 1900.

Tirage à part : Paris, Armand Colin, 1900, in-8°, de 45 p.

Courier (Georges). Ronsard.

Bulletin de la Société du Loir-et-Cher à Paris, fasc. XLIX, février 1912, p. 7-9.

Critton (Georges). Crittonii laudatio funebris habita in exequiis Petri Ronsardi apud Becodianos, cui præponuntur ejusdem Ronsardi carmina partim a moriente, partim a languente dictata.

Ad virum vere primarium, Ioannem Gallandium, Gymnasiar. cham Becodianum. Lutetiæ, apud Abrahamum d'Auvel, 1586, in-4° de 30 pages, et 4 feuillets liminaires.

Croiset (Alfred). La Poésie de Pindare et les lois du lyrisme grec.

Paris, Hachette, 1880, in-8°.

Dejob (Charles). Marc-Antoine Muret.

Paris, Thorin, 1881, in-8°.

Dictionnaire universel, historique, critique et bibliographique :

> Voir article *Ronsard*, excellente et judicieuse étude,
> t. XV, p. 242-244. Paris, Mame frères, 1810.

Dorchain (Auguste). Les chefs-d'œuvre lyriques de Ronsard et de son école.

> Paris, A. Perche, 1907, in-16, de LXIV-131 pages.

Dufay (Pierre). Autour de Cassandre Salviati. Les Salviati. A propos du testament de Jacques Salviati.

> *Annales fléchoises*, X, 1909, p. 332-347.
> *Revue de la Renaissance*, 1910, p. 73-86.
> Tirage à part, Paris, Champion, 1910, in-8°, de 18 pages.

— La Jeunesse de Ronsard, d'après Henri Longnon.

> *Revue de la Renaissance*, 1912, p. 50-59.

— A propos de Cassandre.

> *Revue de la Renaissance*, septembre-décembre 1906,
> p. 177-180.

— Le Portrait, le Buste et l'Epitaphe de Ronsard au musée de Blois.

> *Mercure de France*, 1er avril 1907, p. 421-435.
> Tirage à part. Paris, H. Champion, in-8°, de 17 pages, pl.

— Ronsard et le prieuré de Croix-Val.

> *Le Jardin de la France*, novembre-décembre 1908.

Du Perron (J. Davy). Oraison funebre sur la mort de M. de Ronsard.

> Paris, Fed-Morel, MDLXXXVI, in-8° (1).

Dupré (A.). Ronsard, poète chrétien.

> *Congrès archéologique de Vendôme*, p. 554-591.
> Tirage à part, in-8°, de 40 pages.

— Renseignements sur les familles Ronsart et du Bellay.

> *Bibliothèque de Blois*, manuscrit, 34 pages.

— Testament de Louis de Ronsart, père du poète, datant du 13 mai 1578.

> *Revue des Sociétés savantes*. 4e série, t. V, p. 328-331.

---

(1) Fédéric II Morel, imprimeur, rue Saint-Jacques, « à la Fontaine » ;
fils de Fédéric Ier, imprimeur du roi, et de Jeanne Vascosan. Il était, par sa
mère, petit-fils de Josse Bade.

Dupré (A.). Relations du Tasse avec Ronsard.
Bulletin de la Société archéologique du Vendômois, t. XIII, 1874, p. 21-23.

— Essai sur la langue de Ronsard.
Bibliothèque de Blois, manuscrit, 46 pages.

Evers (Miss Helene M.). Critical edition of the « Discours de la vie de Pierre de Ronsard, par Claude Binet ». A dissertation presented to the faculty of Bryn Mawr College for the degree of doctor of philosophy.
Philadelphia, the John C. Winston Co., 1905, in-8°.

Faguet (Emile). XVIe siècle. Études littéraires.
Paris, Lecène et Oudin, 1894, in-12.

— Histoire de la littérature française, t. I., de l'origine au XVIe siècle.
Paris, Plon-Nourrit, 1898, p. 393-412.

— Petite histoire de la littérature française.
Paris, Crès, in-12, s. d., de 323 pages.

Favre (Jules-Eugène). Olivier de Magny (1529-1561).
Thèse. Paris, Garnier, 1885, in-8°.

Fêtes de Vendôme (les 15-23 juin 1872). Session du Congrès archéologique de France. Inauguration de la statue de Ronsard.
Vendôme, libr. de Mme Mettaye, 1873, in-8°, de 252 pages.

Flaubert (Gustave). Correspondance.
Éditions Conard : t. II, p. 98, 215 ; t. IV, p. 117.

Foulet (Lucien). Daurat et Ronsard.
Revue d'Histoire littéraire, avril-juin 1906.

— Un Emprunt de Ronsard à Rabelais.
Ibid., janvier 1907.

Fremy (Edouard). L'Académie des derniers Valois.
Paris, Leroux, 1887, in-8°.

Froger (Abbé L.). Ronsard ecclésiastique.
Revue historique et archéologique du Maine, t. X.
Tirage à part, 1882, in-8°.

— Note sur l'édition de la « Franciade », parue en 1574.
Annales fléchoises, t. III, 1904, p. 131-147.

Froger (Abbé L.). Nouvelles Recherches sur la famille de Ronsard.

Revue historique et archéologique du Maine, t. XV, premier semestre, 1884, p. 107 à 202, 2 articles.

— Les Premières Poésies de Ronsard.

Mamers, Fleury et Dangin, 1892, in-8°.

— Ronsard et la Réforme.

Annales fléchoises, t. III, p. 276-289.

— Ronsard et A. de Lamartine.

Ibid., p. 323-328.

— Notes sur le poème intitulé « les Iles fortunées », de Ronsard.

Ibid., t. IV, 1904, p. 7-15.

— Un Seigneur de la Possonnière en 1293.

Ibid., t. VII, 1906, p. 81-93.

— De Trois Bénéfices vacants à la mort de Ronsard.

Ibid., t. VIII, 1907, p. 169-175.

— Ronsard et les Lettres calaisiennes.

Ibid., t. VIII, 1907, p. 366-370.

— Notes sur quelques hymnes de Ronsard.

Ibid., t. II, 1900, p. 164-172.

Funck-Brentano. Femmes de la Renaissance. Un poète de la Renaissance : Ronsard.

Journal de l'Université des Annales, 1er avril 1913, p. 462-464.

Gabillot (G.). Les Portraits de Ronsard.

Gazette des Beaux-Arts, juin 1907, p. 487-501, planches. Tirage à part.

— Une Médaille de Ronsard.

Chronique des Arts, 1er février 1908, p. 40-41, planches.

— Le Prieuré de Ronsard.

Revue de Paris, 15 août 1910.

— La Tombe de Ronsard.

Ibid., 1er octobre 1910.

Gandar (Eugène). Ronsard considéré comme imitateur d'Homère et de Pindare.

Metz, imprimerie Blanc, 1854, in-8°.

Gatien (Arnould). Extrait des délibérations de la maison de ville de Toulouse (3 mai 1586) où il est question de la récompense adjugée à feu Pierre de Ronsard « es-jeux-fleuraulx ».

Bulletin de la Société archéologique du Vendômois, t. VI, 1867, p. 209 ; t. VII, 1868, p. 64.

Gouget (Abbé Claude). Bibliothèque françoise.

Paris, Mariette Guerin, 1741-1766, t. XII, in-12.

Grandmaison (Charles de). Buste de Ronsard d'après celui qui ornait son tombeau, près de Tours.

Réunion des Sociétés des Beaux-Arts des Départements, t. XIX, 1895, p. 171-177, planche.

Tirage à part, Paris, 1895, in-8°, de 12 pages, planche.

Guide du touriste dans le Vendômois, publié sous les auspices de la Société archéologique, scientifique et littéraire du Vendômois.

Vendôme, A. Foucher, 1883, de 428-XIII pages, planches.

Guy (Henry). Les Sources françaises de Ronsard.

Revue d'Histoire littéraire, avril-juin 1902.

— « Mignonne, allons voir si la rose... ». Réflexions sur un lieu commun.

Bordeaux, impr. Gounouilhou, 1902.

Hallays (André). En flânant. Deuxième série. A travers la France : Touraine, Velay, Normandie, Bourgogne, Provence, Paris.

Paris, Perrin et Cie, 1903, in-12, de 394 pages. *Le Pays de Ronsard*, p. 97-129, planches.

— En flânant (nouvelle édition) : Touraine, Anjou et Maine.

Paris, Perrin et Cie, in-8°, de 374 pages, planches.

Hallopeau (L.-A.). Le Bas-Vendômois, de Montoire à la Chartre-sur-le-Loir, guide du touriste et de l'archéologue.

La Chartre-sur-le-Loir, imp. et lib. L. Moire, 1906 in-8° de 312 pages, planches.

Hallopeau (L.-A.). Sur la date de construction et de quelques particularités architecturales du manoir de la Possonnière.

Annales fléchoises, t. IV, 1904. p. 305-320.

Tirage à part, la Flèche, imp. Besnier, 1904, in-8°, de 10 p.

— Sur les Armoiries sculptées au manoir de la Possonnière.

Annales fléchoises, t. VI, 1905, p. 1 à 14.

— Sur les Armoiries peintes au manoir de la Possonnière.

Ibid., p. 90-96.

— La Chapelle de Sainte-Croix au manoir de la Possonnière.

Ibid., p. 97-99.

— Les Souvenirs des Ronsart dans les églises paroissiales de leurs seigneuries.

Ibid., p. 100-115, 180-188.

— Les Ancêtres maternels de Pierre de Ronsard au manoir de la Possonnière.

Ibid., p. 189-192.

Ces études ont été réunies en un tirage à part : *Les Souvenirs des Ronsart au manoir de la Possonnière et dans les églises paroissiales de leurs seigneuries.* La Flèche, Eug. Besnier, in-8°, de 54 pages.

— La Chapelle du prieuré de Saint-Gilles, à Montoire.

Annales fléchoises, t. VIII, 1907, p. 313-321.

— Sur l'écusson aux armes de Ronsart du monument funéraire de Saint-Cosme.

Ibid., p. 322-324.

Les études sur Saint-Gilles, les armes de Ronsard, et celles de la chapelle paroissiale des Haies ont fait l'objet d'un tirage à part : *Notes archéologiques : Vendômois, Maine, Touraine.* La Flèche, Eug. Besnier, 1908, in-8°, de 31 pages.

Hennion (Horace). A Pierre de Ronsard (Sonnets).

La Touraine artistique, 1912, p. 4-5.

— Le Monument de Ronsard (du sculpteur Delpérier).

Ibid., 1912, p. 5-8.

" Intermédiaire des chercheurs et curieux ". Les Gayetés de Ronsard, édition Blanchemain.

II, c. 646 ; IV, c. 13.

J. Jusserand. (J.-Ronsard).

Paris, Hachette, 1913, in-12, 217 pages.

— Ronsard and his Vendomois.

The Nineteenth Century, april 1897.

" La Croix du Maine et du Verdier. " Bibliothèque françoise.

Edition Rigoley de Juvigny. Paris, Gaillant, 1772, 6 vol. in-4°.

La Ferrière (Hector de). Isabelle de Limeuil.

Revue des Deux Mondes, 1er décembre 1883.

Lahandès (Jules de). Ronsard aux Jeux Floraux.

Bulletin de la Société archéologique du Midi, 1908, p. 138.

La Hautière (De). Causerie sur Ronsard. Un Sonnet de Ronsard et une Chanson de Béranger.

Bulletin de la Société archéologique du Vendômois, t. II, 1863, p. 31-42.

Lanson (Gustave). Comment Ronsard invente. Notes sur l'ode : « De l'élection de mon sépulcre ».

Revue universitaire, 15 janvier 1906.

— Histoire de la littérature française.

10e éd. Paris, Hachette, 1908, in-8°.

— Manuel bibliographique de la littérature française.

Paris, Hachette, 1909, t. I, in-8°.

Laumonier (Paul). L'Art poétique de Jacques Peletier.

Revue de la Renaissance, t. I, juin 1901.

— Chronologie et Variantes des poésies de P. de Ronsard.

Revue d'Histoire littéraire de la France, janvier 1902, janvier 1903, avril 1903, juillet 1904, avril 1905.

— Cinq Poésies non rééditées de Ronsard.

Ibid., juillet 1902.

— Notes historiques et critiques sur les discours de Ronsard.

Revue universitaire, février 1903.

— Chronologie des odes de Ronsard.

Bulletin de la Faculté des Lettres de Poitiers, juin 1903.

Laumonier Paul. La Jeunesse de Pierre de Ronsard.

> *Revue de la Renaissance*, I, 1901, p. 96-108, 169-193 ;
II, 1902, p. 42-54, 94-111, 149-165, 281-294 (pl.).

— Ronsard poète gaulois, d'après des documents inédits.

> *Ib.*, III, 1902, p. 1-16.

— La Cassandre de P. de Ronsard.

> *Ibid.*, III, 1902, p. 73-115.
Tirage à part, Rennes, impr. Simon, 1903 ; in-4°, de
47 pages.

— Deux cent vingt vers inédits de Ronsard.

> *Ibid.*, IV, 1903, p. 201-220.

— La Genèse du nom de Ronsard et la vraie orthographe du nom de la Possonnière.

> *Annales fléchoises*, I, 1903, p. 251-263.
Tirage à part, la Flèche, Besnier, 1903, in-8°, de
13 pages.

— Tableau chronologique des œuvres de Ronsard.

> *Ibid.*, t. II, 1903, p. 33-58, 83-109, 302-306 ; t. III, 1904,
p. 247-252.
Tirage à part, la Flèche, Besnier, 1903, in-8°, de 64 pages,
Deuxième édition, remaniée et très augmentée. — Paris,
Hachette, 1911 ; in-8°, de XI-143 pages.

— Une Ode inédite de Ronsard.

> *Ibid.*, III, 1904, p. 110-116.

— De la Prêtrise de Ronsard à propos d'un acte inédit (1581).

> *Ibid.*, p. 67-68.

— Le Poète Ronsard et son héritage paternel.

> *Ibid.*, III, 1904, p. 57-69.
Tirage à part, la Flèche, Besnier, 1904, in-8°, de 16 pages.

— A propos d'une Ode pindarique d'Amadis Jamin en l'honneur de Ronsard.

> *Ibid.*, VI, 1906, p. 257-271.

— Trois Pièces attribuées à Ronsard restituées à Amadis Jamin.

> *Revue d'Histoire littéraire de la France*, janvier-mars 1906.
Annales fléchoises, VI, 1906, p. 272-276.

Laumonier (Paul). Œuvres poétiques de J. Peletier du Mans.
Rééditées par Léon Séché. Notice biographique et commentaire par Paul Laumonier.
Supplément à la *Revue de la Renaissance*, 1904, in-8º.
Tirage à part, Paris, *Revue de la Renaissance*, 1904 ; in-8º, de XXXI-192 pages.

— L'Épitaphe de Rabelais par Ronsard.
Revue des Etudes rabelaisiennes, I, 1903, p. 205-216.
Tirage à part, Paris, 1903, in-8º, 14 pages.

— Additions et corrections au Tableau chronologique des œuvres de Ronsard.
Revue du XVIe *siècle*, IV, 1916, p. 117-142.

— Une double découverte bibliographique à propos d'un recueil de vers de Ronsard.
Ibid., VII, 1920, p. 160-167.

— Un Faux en librairie à propos de la mort de Ronsard.
Annales fléchoises, IX, 1908, p. 161-168.

— Contribution à l'étude historique de Ronsard.
Ibid., X, 1909, p. 271-283.
Tirage à part, la Flèche, Besnier, 1909, in-8º, de 15 pages.

— Ronsard, poète lyrique. Etude historique et littéraire.
Paris, Hachette et Cie, 1909, in-8º, de LI-806 pages.
Deuxième édition, revue et corrigée. — Paris, Hachette, 1923 ; in-8º, de LI-806 pages (3 planches).

— Vie de P. de Ronsard, de Claude Binet (1586). Edition critique avec introduction et commentaires.
Paris, Hachette et Cie, 1910, in-8º, II, de XLVIII-259 pages (planches).

— Le Pétrarquisme au XVIe siècle.
Par M. Joseph Vianey ; compte rendu. *Revue d'histoire littéraire*, t. XVII, 1910, p. 850.

— Ronsard.
Par J.-J. Jusserand. — *Ibid.*, XX, 1913, p. 652.

**— La Correspondance de Loys de Ronsart.
Deux lettres inédites.**
Annales fléchoises, XII, 1911, p. 261-272.

Laumonier (Paul). Œuvres complètes de P. de Ronsard. Nouvelle édition, revisée, augmentée et annotée par l'auteur.

Paris, A. Lemerre, 1914-1919, 8 vol. in-8°.

— Œuvres complètes de P. de Ronsard.

Édition critique, avec introduction et commentaire (en cours de publication) pour la *Société des Textes français modernes*. Paris, Hachette, 1914 (tomes I et II) ; 1921 (tome III) 3 vol. in-16.

— L'Origine du nom de la Possonnière.

Revue de la Renaissance, I, 1901, p. 118.

— Ronsard poète pétrarquiste avant 1550.

Mélanges Lanson, Paris, Hachette, 1922, in-8°.
Tirage à part, Coulommiers, impr. Brodard, in-8°, de 8 p.

Launay (G.). Répertoire archéologique de l'arrondissement de Vendôme.

Vendôme, typ. Lemercier, 1889, in-8°, de 164 pages.

Le Chevallier-Chevignard (G.). La Poissonnière, maison natale de Ronsard.

Musées et Monuments de France, 1907, p. 125-127 (pl.)

Lefranc (Abel). Le Platonisme et la Littérature en France à l'époque de la Renaissance.

Revue d'Histoire littéraire, janvier 1896.

L'Estoile (Pierre de). Mémoires.

Longnon (Aug.). La Cassandre de Ronsard.

Revue des Questions historiques, 1er janv. 1902, p. 224-234.

Longnon (Henri). Pierre de Ronsard, essai de biographie : les ancêtres, la jeunesse.

Paris, Champion, 1912, in-12, de XII-512 pages.

— La Jeunesse de Ronsard.

Revue critique des Idées et des Livres, 20 septembre 1911.

— La fleur des poésies de P. de Ronsard, gentilhomme vendômois.

Paris, à la Cité des livres, 1923, 4 vol., in-16, suivis d'un supplément musical in-4°, portant le titre : *La fleur des musiciens de P. de Ronsard*, sonnets, odes et chansons à quatre voix, suivis de diverses pièces à voix seule et de deux dialogues à huit voix, recueillis par Henri Expert.

Louys (Pierre). Amours de Marie (précédé d'une étude).
Paris, *Mercure de France*, 1897.
Madeleine (Jacques). Ronsard à Fontainebleau.
La Province (le Havre), sept., oct., nov. 1901.
— **Variante inédite d'un sonnet de Ronsard.**
Revue de la Renaissance, I, 1901, p. 200-202.
— **Le Madrigal de Ronsard ou sonnet madrigalesque.**
Ibid., II, 1902, p. 248-264.
— **Quelques Poètes français des XVIe et XVIIe siècles à Fontainebleau.**
Fontainebleau, Bourges, 1900, in-18.
Malardier. La Chapelle de la Poissonnière.
Bulletin de la Société archéologique du Vendômois, t. XXXVIII, 1899, p. 198.
Wartellière (J.). Nouveaux Renseignements sur Ronsart et Cassandre Salviati.
Ibid., t. XLIII, 1904, p. 51-57.
Tirage à part, Vendôme, Empaytaz, 1904, in-8°, de 7 pages.
— **Cassandre Salviati et la Cassandre de Ronsart.**
Ibid., t. XLV, 1905, p. 165-183.
Tirage à part, Vendôme, Vilette, 1906, in-8°, de 19 pages.
— **Les Amis vendômois de Ronsard : I. Maclou de la Haie ; II. Florent Chrestien.**
Annales fléchoises, VIII, 1907, p. 269-274 ; IX, 1908, p. 315-328.
— **Du Roy qui fit couper la forêt de Gastine et de la date de cette coupe.**
Ibid., p. 186-188.
— **Origines vendômoises de poètes et de rois.**
Ibid., IX, 1908, p. 51-60.
Tirage à part, la Flèche, Besnier, 1908, in-8°, de 12 pages.
— **Revision critique des biographies du poète Ronsart.**
Ibid., XII, 1911, p. 351-368.
Tirage à part, la Flèche, Besnier, 1911, in-8°, de 32 pages.

Martellière (J.). Quel est le berceau de la famille de Ronsart ?

> *Bulletin de la Société archéologique du Vendômois*, t. LII, 1913, p. 11-27

— La Poissonnière et les Ronsart.

> *Blois et le Loir-et-Cher*, 1er mai 1921.

— Les Demeures de Ronsart en Vendômois.

> *Ibid.*, 1er décembre 1921, 1er janvier et 1er février 1922

Martellière (Louis). Ronsard, prieur de Saint-Guingalois.

> *Bulletin de la Société archéologique du Vendômois*, XVIII, 1879, p. 256.

— La Cloche de Marray (Indre-et-Loire), sur laquelle se trouve gravé le nom de Jehan Ronsart (Jean II de Ronsart), seigneur de Beaumont-la-Ronce.

> *Ibid.*, XVIII, 1879, p. 258 ; 1880, p. 93.

Marty-Laveaux. Œuvres complètes de Ronsard et notice biographique.

> Paris, Lemerre, 1887-1893, 6 in-8°.

— La Langue de la Pléiade.

> Ed. de la *Pléiade*. Paris, Lemerre, 1893, 2 vol. in-8°.

Mellerio (Louis). Lexique de Ronsard.

> Paris, Plon et Nourrit, 1895, in-16.

Menier (M.). La Surdité de Ronsard.

> *Archives d'Otologie*, février 1906.

Morancé (Abbé Léon). La Vallée du Loir, de Château-du-Loir à Vendôme, notes et souvenirs.

> Paris, Gaston Née, 1892, in-8°, de VIII-205 pages.

Morel (Paul). Ronsard.

> *Bulletin de la Société amicale du Loir-et-Cher*, 21 février 1905, p. 4-7.

Nolhac (Pierre de). Le Dernier Amour de Ronsard : Hélène de Surgères.

> *Nouvelle Revue*, 15 sept. 1888.
> Tirage à part. Paris, Charavay. 1882, in-8°, de 32 pp.
> Nouvelle éd , Paris, 1920, in-18.

Nolhac (Pierre de). Le Dernier Amour de Ronsard.
>Paris, Dorbon aîné, s. d. [1920] ; in-8°, de 87 p. + 1 folio pour la table (portrait).

— Renseignements nouveaux sur la Pléiade : Ronsard, du Bellay.
>*Revue d'Histoire littéraire*, juillet 1899.

— La Jeunesse de Pierre de Ronsard.
>Discours prononcé le 23 octobre 1923, à la réunion annuelle des cinq Académies.

— Ronsard et l'Humanisme.
>Paris, Champion, 1922, in-8° de 336 pages avec un portrait de Jean Dorat et un autographe de Ronsard.

Nouel (Eugène). Note critique sur le jour de la naissance de Ronsard, avec une note additionnelle sur la durée exacte de la vie de Ronsard.
>*Bulletin de la Société archéologique du Vendômois*. XXV, 1886, p. 58-65.

Paejj. La Date de naissance de Ronsard.
>*Mercure de France*, 1er février 1924, p. 854-855.

Parigot (Hippolyte). Ronsard.
>*Le Temps*, 10 août 1913.

Parturier (E.). Quelques Sources italiennes de Ronsard (Politien et Laurent de Médicis).
>*Revue de la Renaissance*, VI, 1905, p. 1-21.

Pasquier (Estienne). Œuvres complètes.
>Amsterdam, 1723, 2 vol. in-8, t. I : *Les Recherches de la France*.

Pasty. Le Bas-Vendômois historique et monumental.
>Saint-Calais, Th. Peltier, 1877, in-8°, de 268 pages.

Pélissier (Georges). Ronsard et la Pléiade.
>*Histoire de la Langue et de la Littérature française* de Petit de Julleville, t. III, chap. IV.

Perdrizet (Pierre). Ronsard et la Réforme.
>Paris, Fischbacher, 1902, in-8°.

Pétigny (Jules de). Histoire archéologique du Vendômois.
>Vendôme, Henrion, 1849, in-8°, de XIV-372 pages (pl.).

Piéri (Marius). Pétrarque et Ronsard ou de l'influence de Pétrarque sur la Pléiade française.

Marseille, Laffitte, 1896, in-8º.

Pilon (Edmond). Une étape au pays de Ronsard.

Revue Universelle, 1ᵉʳ novembre 1922, 10 pages.

Pinvert (Lucien). Jacques Grévin (1538-1570).

Paris, Fontemoing, 1898, in-8º.

Régnier (Henri de). Figures et caractères.

Paris, *Mercure de France*, 1901, in-12.

Régnier (Louis). La Cheminée italienne de Fleury-en-Vexin (Oise), aujourd'hui en Angleterre.

Paris, Ernest Dumont, 1902, in-8º, de 22 pages. (Réplique de la cheminée de la Possonnière.)

" Renaissance du Livre " : Ronsard.

Œuvres précédées d'une excellente étude : auteur anonyme. Paris, 1912.

Richelet (Nicolas). Commentaire des Sonnets pour Hélène.

Edition des œuvres de Ronsard, 1597.

Rochambeau (A. de). Nouveaux renseignements sur la maison de Ronsard à Paris.

Bulletin de la Société archéologique du Vendômois, IV, 1865, p. 230-239.

— Quelques Vers inédits de Ronsard. Lettre à M. Prosper Blanchemain.

Ibid., VI, 1867, p. 40-46.

— Généalogie de la famille de Ronsart (branche de la Poissonnière).

Ibid., p. 119 (tableau).

— Le Château de la Poissonnière (Extrait de « la Famille de Ronsart »).

Ibid. p. 198-208, 1 pl.

Tirage à part. Vendôme, imp. Lemercier, 1867, in-8º.

— La Famille de Ronsart.

Paris, Franck, 1868, in-12. de 358 pages et atlas.

Il existe un tirage sur grand papier dans lequel les planches sont encartées dans le volume.

Rochambeau (A. de). Transaction entre Pierre de Ronsard, curé d'Évaillé, et l'abbé de Saint-Calais.

> *Bulletin du Bouquiniste*, 1869.

— Deux Pièces inédites de Ronsard.

> *Ibid.*, 1869.

— Chansons de P. de Ronsard, Ph. Desportes et autres, mises en musique par Nicolas de la Grotte.

> Edition fac-similé avec notice, Paris, Bachelin-Deflorenne, 1873, in-8º.

— Notice sur un recueil de chansons de Ronsard, Desportes et autres, publié par M. de Rochambeau.

> *Bulletin de la Société archéologique du Vendômois*, XII, 1873, p. 122-129.

— Une Lettre de recommandation pour M. de Ronsard (de Marguerite de France à Charles IX).

> *Ibid.*, XIII, 1874, p. 82-84.

— Un Sonnet inédit de Ronsard.

> *Ibid.*, XXVIII, 1889, p. 142-143.

— Le Vendômois. Épigraphie et Iconographie.

> Paris, Honoré Champion, 1889-1894, 2 in-8º, de 480-799 p. (pl.).

Rocher (Edmond). La Vallée du Loir à travers le Vendômois.

> Vendôme, Paul Rouilly, édit., 1910, in-4º, de 39 pp. illustré de bois et d'eaux-fortes par l'auteur. Portrait frontispice à l'eau-forte de Pierre Eug. Vibert.

— A Pierre de Ronsard, dédicace pour une réédition augmentée des « Poèmes vendômois ».

> Vendôme, Henri Chartier, s. d. [1913], in-4º de 8 pages (eau-forte de Vibert).

— La Maison de Ronsard.

> Paris, *Belles-Lettres*, février 1920.
> *Ibid.*, *Les Marges*, mars 1920.

— Ronsard, Prince des Poètes (1524-1585).

> Editions des Idées françaises. Paris, 1924, in-8º coq., illustré par l'auteur, avec un portrait par Pierre-Eugène Vibert, suivi d'une bibliographie sur Pierre de Ronsard et ses œuvres, en collaboration avec MM. Pierre Dufay et A. van Bever.

Ronsard. Epithalame d'Antoine de Bourbon et Janne de Navarre, par Pierre de Ronsart, Vandomois.

A Paris, à l'imprimerie de Michel Vascosan, in-8°, de 4 ff.[1].

— L'Hymne de France, composé par Pierre de Ronsart, Vandomois.

A Paris, de l'imprimerie de Michel Vascosan. MDXLIX (1549), in-8°, de 8 ff. non ch.

— Ode de la Paix, par Pierre de Ronsard, Vandomois. Au Roi.

A Paris, chez Guillaume Cavellat, libraire, juré de l'université de Paris, demeurant devant le college de Cambrai, à la poule grasse, 1550, in-8°, de 12 ff. non ch.[2].

— Les Quatre Premiers Livres des Odes de Pierre de Ronsard, Vandomois. Ensemble son Bocage.

A Paris, chez Guillaume Cavellart (*sic*), libraire iuré,... MDL (1550) ; in-8°, de 8 ff. prél. non ch., 170 ff. ch. et 2 ff. non ch. pour l'*errata*.

Seconde édition, Paris, Cavellat, 1553, in-16.

— Les Quatre Premiers Livres des Odes de P. de Ronsard, Vandomois. Dédiés au Roy.

A Paris, chez la veufve Maurice de la Porte, au cloz Bruneau, à l'enseigne sainct Claude, 1555 ; in-8°, de 4 ff. prél. non ch. et 132 ff. ch.[3].

Nouvelle édition, Paris, Vve M. de la Porte, 1555, in-8°

1, Michel Vascosan était, par sa première femme Catherine, un des quatre gendres de Josse Bade, d'Assche-en-Brabant, « Jodocus Badius Ascensius ». Le latin n'avait point perdu toute élégance. Sur ses éditions, Josse Bade libellait ainsi son adresse au-dessous de son chiffre : *In ædibus Ascensianis.*

2. Rue Saint-Jean-de-Latran, en 1552 et en 1553, Guillaume Cavellat payait 52 livres tournois de loyer annuel, pour sa boutique avec grenier au-dessus sise devant la commanderie.

Guillaume Cavellat était, par son mariage avec Denyse Girault, neveu de Jérôme de Marnef, un des libraires les plus connus de l'époque.

3. La plupart de ces librairies se touchaient et leurs propriétaires étaient plus ou moins alliés. Ancien cépage renommé de la région parisienne, le clos Bruneau s'étendait de la rue Saint-Jean-de-Beauvais à la place Maubert, en prenant pour base le boulevard Saint-Germain actuel. Au XII° siècle environ, on y avait percé une rue, qui prit le nom de rue Saint-Hilaire, en raison de l'église, démolie en 1790, sise au coin de la rue des Sept-Voies, où elle conduisait. Plus tard, le Puis Certain s'était élevé au centre du carrefour formé par la rencontre des rues Saint-Jean-de-Beauvais, Saint-Jean-de-Latran, Fromentel et Chartière, d'où partait la rue Saint-Hilaire, ou mieux du Mont-

Ronsard. Le Cinqieme (*sic*) des Odes de P. de Ronsard, augmenté. Ensemble la Harangue que fit monseigneur le Duc de Guise aus soudars de Mez le jour qu'il pensoit avoir l'assaut, traduite en partie de Tyrtée, poëte grec, et dediée à Monseigneur le Reverendime (*sic*) Cardinal de Lorraine, son frere.

A Paris, chez la veufve Maurice de la Porte, 1553. in-8°, de 180 pages ; les 16 premières non ch.

Cette édition originale, très rare, du Ve livre des *Odes* contient en outre :

Les Bacanales, ou le Folâtrime voiage d'Hercueil près Paris, dedié à la joieuse troupe de ses copagnons.

— **Livret de Folastries, A Janot Parisien. Plus quelques Epigrames grecs et des Dithyrambes chantées au Bouc de E. Jodelle Poëte Tragiq.**

A Paris, chez la veufve Maurice de la Porte, 1553 ; in-8°.

— **Les Amours de P. de Ronsard Vandomoys. Ensemble le Cinquiesme de ses Odes.**

A Paris, chez la veufve Maurice de la Porte, au cloz Bruneau à l'enseigne S. Claude, 1552, in-8°, de 230 pages.

Saint-Hilaire — c'était jouer sur le vocable de Saint-Hilaire du Mont — pour aboutir à la rue des Sept-Voies.

Cette dernière est devenue la rue Valette et la rue du Mont-Saint-Hilaire la rue Lanneau. Il pouvait être légitime de commémorer le souvenir du fondateur de Sainte-Barbe en donnant son nom à une rue de Paris, mais n'aurait-on point pu en débaptiser une autre que cette rue Saint-Hilaire qui avait joué un si grand rôle dans la librairie parisienne ? Malgré son peu de longueur, elle ne comptait pas moins de quatorze librairies en 1571 : Hilaire le Bouc, Jean de Bordeaux, la veuve Mondet, Michel Jullien d'un côté, et de l'autre : Liénard Lesueur, Estienne Petit, Michel Clopejeau, Jean Massé, Thomas Brumen, la veuve Guingant, Michel Gadouleau, Gabriel Buon, Jérôme de Marnef et Guillaume Cavellat.

On a ainsi l'explication du « clos Bruneau » ou du « mont Saint-Hilaire », dont la veuve de la Porte, les Buon et Barthélemy faisaient précéder leur enseigne.

Maurice de la Porte, à la Noël de 1522, avait pris à bail pour neuf ans, moyennant un loyer annuel de neuf livres, la maison à l'image Saint-Claude, appartenant à l'église Saint-Hilaire, que les Chartreux détenaient grâce à un bail emphytéotique que leur avait cédé un sieur Guillaume Deschallier.

Après la mort de Maurice Ier, dont la sœur Jeanne avait épousé Jean Crespin, également libraire, rue Saint-Hilaire, à l'image Sainte-Catherine, sa veuve Catherine Lhéritier continua son commerce, puis ce fut leur fils Maurice qui ne tarda pas à la céder à Gabriel Buon, auquel « malade en sa mai-

Ronsard. Airs notés des chansons comprises dans les Amours.

Achevé d'imprimer le trentième jour de septembre mil cinq cens cinquante deux ; in-8º, de 32 ff. non ch.

Ces airs notés sont parfois joints à l'édition originale des *Amours*.

— **Les Amours de P. de Ronsard Vandomois, nouvellement augmentées par lui, et commentées par Marc Antoine de Muret. Plus quelques Odes de l'auteur, non encore imprimées.**

A Paris, chez la veufve Maurice de la Porte, 1553, in-8º, de 8 ff. prél. non ch. et 262 p., ch. par erreur 282.

— **Continuation des Amours de P. de Ronsard, Vandomois.**

A Paris, pour Vincent Sertenas, libraire, tenant sa boutique au Palais, par où l'on va à la Chancellerie, à la Sphère, 1557 ; in-8º, de 176 p.[1].

Les premières éditions, *Continuation* et *Nouvelle Continuation*, également de Sertenas, sont de 1555 et de 1556.

Le libraire N. Le Rous de Rouen a également publié les *Amours*, plus la *Continuation première et seconde*, cette même année 1557, in-8º, en y joignant *le Bocage* et les *Meslanges* qui suivent.

---

son du faubourg Saint-Marcel, rue de Lourcine » il faisait, par son testament en date du 21 avril 1571, remise de tout ce qui pouvait rester lui devoir « tant pour le conte fait ensembele de la librayrie que icelluy testateur lui a baillée que autrement ».

Le 27 mai 1585, assisté de sa femme Jeanne Rondel, Gabriel Buon renouvelait pour quarante-cinq ans leur bail emphytéotique, moyennant un loyer annuel de 53 écus, un tiers ; veuve antérieurement à l'année 1597, où elle signait une édition en 10 tomes in-12 des œuvres de Ronsard, Jeanne Rondel joignait à sa maison, le 31 mars 1599, par un bail d'une durée de cinq ans, un bâtiment y attenant par derrière et faisant partie de la maison de la « Corne de Cerf ».

Gabriel Buon laissait une fille, Marie, qui avait épousé son voisin et con frère Barthélemy Macé, « A l'escu de Bretaigne », et un fils Nicolas auquel on voit prendre en 1604 la direction de la librairie, cependant qu'il renouvelait à deux reprises location pour une même durée de cinq ans du bâtiment de la « Corne de Cerf ».

En 1623, nonobstant les sept années de bail qu'il semblait avoir encore devant lui au mont Saint-Hilaire, Nicolas Buon l'avait quitté pour la rue Saint-Jacques, où, à l'image Saint-Claude des la Porte et des Buon, il joignait l'enseigne non moins connue de « l'Homme sauvage », qui avait appartenu à Regnault Chaudière.

1. Vincent Sertenas dut mourir en 1562, le 21 septembre. Jean Bonfons, libraire, était nommé tuteur de ses enfants mineurs.

Ronsard. Les Amours.

Reproduction des manuscrits. Vol. in-4° orné de gravures, 250 ex. Georges Crès, éditeur, 1922.

— Les Amours.

20 sonnets illustrés de bois de Raphaël Drouart, 300 ex., Paris, Flammarion, 1922.

— La Bouquinade et autres gaillardises.

Paris, Fasquelle, 1922, in-8°.

— Le Bocage de P. de Ronsard, Vandomoys, dedié à P. de Paschal, du bas païs de Languedoc.

A Paris, chez la veufve Maurice de la Porte, au cloz Bruneau à l'enseigne sainct Claude, 1554, in-8°, de 4 ff. prél. non ch. et 56 ff. non ch.

— Les Meslanges de P. de Ronsard, dediées (*sic*) à Jan Brinon.

A Paris. On les vend en la grande salle du palais en la boutique de Gilles Corrozet, près la Chambre des Consultations, 1555 (22 novembre 1554), in-8°, de 52 ff. non ch.[1].

. Seconde édition. A Paris, on les vend... 1555, in-8°, de 56 ff. non ch.

— Hymne de Bacus, par Pierre de Ronsard, avec la version latine de Jean Dorat.

A Paris, chez André Wechel, impr.-libr., rue Saint-Jean-de-Beauvais, à l'enseigne de Pégase, 1555, in-4° [2].

---

1. Gilles Corrozet, auquel on doit la première description de Paris dont se puissent enorgueillir les heureux possesseurs de l'édition rarissime de 1533 : *La Fleur des antiquitez de la noble et triumphante ville et cité de Paris.*

Sa mémoire valait mieux que l'épitaphe qui, au couvent des Carmes, fut placée sur son tombeau :

> *L'an mil cinq cent soixante et huit,*
> *A cinq heures devant midi,*
> *Le quatorze de juillet,*
> *Déceda Gilles Corrozet*
> *Qui libraire était en son temps.*
> *Son corps repose en ce lieux-ci*
> *A l'âme, Dieu passe merci.*

Ces vers de mirliton fournissent une date : c'est tout leur intérêt.

2. André Wechel était fils de Chrestien Wechel, libraire, originaire de Harentas, en Brabant, naturalisé par lettres de juillet 1528. La boutique du père, appartenant à la Commanderie, était située rue Saint-Jean-de-Latran.

Il était mort en 1554 et son fils, imprimeur, s'était établi rue Saint-Jean-de-Beauvais, au « Cheval volant » où il était, en 1571, taxé de 20 livres.

Ronsard. Les Hymnes ; le second livre des Hymnes de P. de Ronsard, Vandomois.

A Paris, chez André Wechel, impr.-libr. rue Saint-Jean-de-Beauvais, à l'enseigne de Pégase, 1555, 1556 ; 2 vol. in-4°.

— **Elegie sur le despart de la Royne Marie retournant à son Royaume d'Ecosse (par P. de Ronsard).**

A Lyon, par Benoist Rigaud, 1561, in-8°, de 4 ff. non ch.

— **Discours des Miseres de ce Temps. A la Royne mere du Roy. Par P. de Ronsard, Vandomois.**

A Paris, chez Gabriel Buon, au cloz Bruneau, à l'enseigne de S. Claude, 1563, in-4°, de 6 ff.

— **Continuation du Discours des Miseres de ce Temps. A la Royne. Par P. de Ronsard, Vandomois.**

A Paris, chez Gabriel Buon, 1563, in-4°, de 10 ff.

— **Responce de P. de Ronsard, gentilhomme Vandomois aux iniures et calomnies, de ie ne scay quels predicans, et ministres de Geneve, sur son Discours et Continuation des Miseres de ce Temps.**

Paris, Gabriel Buon, 1563, in-4°, de 26 ff.

— **Elegie de P. de Ronsard, Vandomois, sur les troubles d'Amboise, 1560. A G. des Autels, gentilhomme charrolois.**

Paris, Gabriel Buon, 1562, in-4°, de 6 ff.
Réédité en 1563.

— **Remonstrance au peuple de France.**

A Paris, chez Gabriel Buon, 1563, in-4°, de 17 ff.

— **Institution pour l'adolescence du Roy treschrestien Charles neufviesme de ce nom. Par P. de Ronsard Vandomois.**

A Paris, chez Gabriel Buon, 1562, in-4°, de 6 ff.

— **Les Trois Livres du Recueil des Nouvelles Poësies de P. de Ronsard, gentilhomme Vandomois.**

A Paris, chez Gabriel Buon... 1563, in-4° (inconnue).
Seconde édition en 1564, in-4°, de 120 ff.

— **Les Nues ou Nouvelles de Pierre de Ronsard Vandosmois. A la Royne.**

S. l., 1665, in-4°.

Ronsard. Elegies, Mascarades et Bergerie par P. de Ronsard, gentilhomme vandomoys.

A Paris, chez Gabriel Buon,... 1565, in-4º, de 4 ff. n. c. et 87 ff. c.

— Le Procès. A tresillustre Prince Charles, Cardinal de Lorraine.

S. l., in-8º, de 13 p., puis à Lyon, par Jean Gérard, 1565, in-8º de 12 pages.

— Abbrégé de l'Art poëtique françois, par P. de Ronsard vandosmois.

A Paris, chez Gabriel Buon,... 1565, in-4º.

— Le Sixiesme Livre (et le) Septiesme Livre des Poemes de P. de Ronsard, gentil-homme vandosmois.

A Paris, chez Jean Dallier, 1569, 2 vol. in-4º [1].

— Les Quatre Premiers Livre (*sic*) de la Franciade. Au Roy tres-chrestien, Charles, neufième de ce nom. Par Pierre de Ronsard, gentilhomme vandomois.

A Paris, chez Gabriel Buon... 1572, in-4º, de 14 ff. prél. non ch. et 229 pages.

— Les Estoilles à Monsieur de Pibrac et deux Responses à deux Elegies envoyées par le feu Roy Charles à Ronsard, outre une Ode à Phœbus pour la santé dudit Seigneur Roy, puis un Discours au Roy Henry troisiesme à son arrivée en France, par P. de Ronsard Gentilhomme Vandomois.

A Paris, chez Gabriel Buon, 1575, in-4º, de 14 ff. n. c.

— Les Derniers Vers de P. de Ronsard, gentilhomme vandomois.

A Paris, chez Gabriel Buon... 1586, in-4º, de 13 pages.

(Il existe également une édition, datée de la même année, de J. Pillehotte, de Lyon, rue Confort, à l'enseigne du Nom de Jésus. Les derniers vers, publiés par les soins de Claude Binet, ont d'ailleurs été joints par lui à sa *Vie de Ronsard*.

1. Jean Dallier, libraire, demeurait sur le pont Saint Michel et fut, en 1571, taxé de 15 livres.

Ronsard. Les Odes de P. de Ronsard, gentil-homme vandomois, commentées par Nicolas Richelet.

A Paris, chez Barthelemy Macé, au mont Saint-Hilaire, à l'escu de Bretaigne, 1617, 5 part. en 2 vol. in-12 [1].

(Ces Commentaires avaient déjà été publiés dans l'édition collective de 1604.)

— Recueil des Sonnets, Odes, Hymnes, Elegies et autres pieces retranchées aux editions precedentes des Œuvres de P. de Ronsard, gentilhomme Vandomois. Avec quelques autres non imprimés cy devant.

A Paris, chez Barthelemy Macé... 1617, in-12, de 425 pages, 3 ff. non ch.

ÉDITIONS COLLECTIVES

Ronsard. Les Œuvres de P. de Ronsard, gentilhomme Vandomois.

A Paris, chez Gabriel Buon... 1560, 4 vol. in-16.

Seconde édition. A Paris, chez Gabriel Buon... 1567, 6 tomes in-4°.

Troisième édition. A Paris, chez Gabriel Buon... 1571, 6 tomes in-16.

Quatrième édition. A Paris, chez Gabriel Buon... 1572-1573, 6 tomes in-16.

Cinquième édition. A Paris, chez Gabriel Buon... 1578, 7 tomes in-16.

Sixième édition. La dernière parue du vivant de Ronsard.

1. Barthélemy Macé, marié à Marie Buon et beau-frère de Nicolas, exerça la profession de libraire à partir de 1587 et mourut en 1617. Il était fils de Catherine Fouet et de Jean Macé, qui avait exercé de 1553 à 1583.

Par sa grand'mère, Gillette Chaudière, fille elle-même de Regnault Ier Chaudière et de Germaine Higman, il descendait directement de Guyonne Viart, qui, en secondes noces, avait épousé Henri Estienne.

On voit que tracer si sommairement que ce soit la bibliographie de Ronsard, c'est évoquer également les plus grands noms de l'imprimerie et de la librairie françaises à leur plus glorieuse époque, c'est-à-dire au XVIe siècle.

Pour tous renseignements complémentaires, se reporter aux précieux *Documents sur les imprimeurs, libraires, cartiers, graveurs, etc., ayant exercé à Paris de 1450 à 1600*, publiés par M. Ph. Renouard, pour la « Société de l'Histoire de Paris et de l'Ile-de-France » (Paris, H. Champion, 1901, in-8, de XI-365 p. plus 8 ffos de table non ch.). C'est une mine d'une richesse inouïe à laquelle nous n'avons pas craint de faire de larges emprunts.

Ronsard. Les Œuvres de P. de Ronsard, gentilhomme vandomois. Reveues, corrigées et augmentées par l'Autheur.

A Paris, chez Gabriel Buon, au cloz Bruneau, à l'enseigne S. Claude, 1584, in-fol., de 4 ff. prél. non ch., 919 p. et 6 ff. non ch. pour la table, portraits.

Dernière édition parue du vivant du poète, présentant de nouvelles corrections dans les pièces publiées antérieurement.

Septième édition. A Paris, chez Gabriel Buon... 1507, 10 tomes in-12.

Nouvelle édition, en 1597, chez la veuve de Gabriel Buon, 10 tomes in-12.

Edition de 1604, chez Nicolas Buon (10 tomes in-12), à laquelle furent joints les commentaires de Nicolas Richelet, et l'on arrive ainsi à l'édition de 1609, une des plus connues :

— Les Œuvres de Pierre de Ronsard, gentilhomme Vandosmois, prince des poëtes françois. Reveues et augmentées.

A Paris, chez Nicolas Buon, au mont Saint-Hilaire, à l'enseigne St-Claude. MDCIX ; in-fol., de 8 ff. prél. non ch., 1215 p., 6 ff. non ch. pour la table et une Ode pindarique de C. Garnier et 117 p. pour le Recueil de Sonnets, Odes, Hymnes... que devait rééditer Barthelemy Macé en 1617.

Un remarquable frontispice, gravé sur cuivre par Léonard Gaultier, précédait cette édition. On le retrouve dans la suivante, mais une de ces vagues de pudeur qui reviennent périodiquement devait forcer l'artiste à masquer d'une malencontreuse mèche de cheveux l' « envergure harmonieuse » dont certains ne sauraient, paraît-il, apercevoir la représentation sans être induits en tentation.

— Les Œuvres de Pierre de Ronsard, gentilhomme Vandosmois, prince des poëtes françois. Reveues et augmentées et illustrées de commentaires et remarques.

A Paris, chez Nicolas Buon, ruë Saint-Jacques, à l'enseigne Saint Claude et de l'Homme Sauvage. MDCXXIII (1623) ; 2 part. en 1 vol. in-fol., de 9 ff. prél. non ch. et 874 p. pour la première partie, 8 ff. préliminaires, 854 p. (ch. de 875 à 1728) et 8 ff. non ch. de table pour la seconde.

En dehors des éditions de Buon, on peut mentionner l'édition lyonnaise de Thomas Soubron, 1592, 10 tomes in-12, et, du même format et comprenant le même nombre

de tomes, l'édition de Hesnault et S. Thibout, Paris, 1629-1630.

Pour les éditions modernes, se reporter aux noms de Blanchemain, Laumonier, Marty-Laveaux, Vaganay, van Bever, Vianey, etc.

Sainte-Beuve. Tableau historique et critique de la poésie française au XVIe siècle, suivi des œuvres choisies de Ronsard et d'une Notice.

Paris, Renduel, 1828, 2 in-8°.

Le Tableau a été réédité chez Charpentier, 1843 et suivantes, et chez Lemerre, 1876.

— Causeries du Lundi, tome XII.

Deux articles sur Ronsard.

Saint-Venant (R. de). Dictionnaire topographique, historique, biographique, généalogique et héraldique du Vendômois et de l'arrondissement de Vendôme.

Blois, imp. C. Migault et Cie, 1912-1917 ; 4 vol. in-8°.

Sainte-Marthe (Scévole de). Gallorum doctrina illustrium Elogia.

Ed. de Poitiers, 1598, 1602 et 1606. Trad. franç. par G. Colletet. Paris, 1644, in-4°.

Séché (Léon).

Consulter la *Revue de la Renaissance.*

— Le Cénacle de Joseph Delorme. Victor Hugo et les poètes.

Paris, *Mercure de France*, 1912 ; in-12, de 401 pages. (Le Ronsard de Victor Hugo, p. 106-134).

Seignobos. La Pléiade.

Simon (l'Abbé). Histoire de Vendôme.

Vendôme, Loiseau, 1835, 3 in-8°.

Sorg (Roger). Les Amours à Hélène.

Editions Bossard, Paris, 1923.

Stemplinger (E.). Ronsard und der Lyriker Horaz.

Zeitschrift für Französische Sprach, XXVI, août 1903, p. 70 et suivantes.

Stoetzer (O.-G.). Etude sur Ronsard et son école.

Buetzow, Fr. Werner, 1874, in-4°.

Thibaudet (Albert). Ronsard.

> Mémoire couronné par l'Académie française (prix d'éloquence).
>
> Tournus, Adolphe Miège, 1896, in-8°, de 30 pages.

Tiersot (Julien). Ronsard et la musique de son temps.

> Paris, Fischbacher, 1902, in-8°.

— Ronsard et la musique de son temps.

> *La Muse française* (février 1924).

Tilley (Arthur). The Literature of the French Renaissance.

> Cambridge University press, 1904, 2 vol. in-8°.

Tombelaine (Louis de). (Abbé Bossebœuf.) Miettes d'histoire ancienne. Le poète Ronsard et sa muse Cassandre Salviati.

> *Revue de l'Europe*, mai 1909, p. 48-57.

Trémault (de). Cartulaire de Marmoutiers pour le Vendômois.

> Paris, Picard, 1893, in-8°, de XXXII-510 pages.

— L'origine du nom de la Possonnière.

> *Revue de la Renaissance*, I, 1901, p. 119.

Trotignon (Lucien). La Poissonnière.

> *Blois et le Loir-et-Cher*, 1er juin 1920.

Vaganay (Hugues). La Mort de Rabelais et Ronsard.

> *Revue des Etudes rabelaisiennes*, I, 1903, p. 143-150, 204.

— « Les Amours » de P. de Ronsard Vandômois, commentées par Marc-Antoine Muret. Nouvelle édition, publiée d'après le texte de 1578, par Hugues Vaganay, précédée d'une préface par Joseph Vianey.

> Paris, Champion, 1910, in-8° (tome I seul paru).

— Les Odes de P. de Ronsard d'après le texte de 1578. Index bibliographique.

> Lyon, 1910, in-4°.

— Pour l'Edition critique des Odes de Ronsard.

> Paris, 1912, in-8°.

— Œuvres meslées, avec éclaircissements et notice bibliographique par M. Hugues Vaganay.

> Lyon, Lardanchet, 1914, in-8° écu.

Vaganay (Hugues). Œuvres complètes de Ronsard. Texte de 1578, publié avec compléments, tables et glossaire, par l'auteur. Précédé d'une Étude sur Ronsard, par Pierre de Nolhac, de l'Académie française.

Paris, Garnier, s. d., 6 vol., in-8° et in-12.

Van Bever (Ad.). Livret de folastries.

Publié sur l'édition originale de 1553.

Paris, *Mercure de France*, 1907, in-12, de 275 pages. Nouvelle édition revue et corrigée, *ibid.* 1919, in-12.

— Les Amours. T. I (1914) ; t. II (1917).

Publié sur les éditions originales de 1560 et de 1578, avec des additions de l'auteur, des notes et des commentaires. Paris, Georges Crès, édit. (*Les Maitres du Livre*). 2 in-12, de VII-335 pages et VI-386 pages. Portrait et frontispice gravés sur bois par P.-Eug. Vibert.

— Les Amours.

Texte établi sur les éditions de 1560 et de 1578, et publié avec des additions de l'auteur, des notes et des commentaires. Ouvrage orné de huit reproductions en phototypie d'après les estampes du temps. Paris, G. Crès, 1918, 2 vol. in-12 (Réimpression corrigée de la précédente.)

Vanel (J.-B.). Ronsard prieur de Mornaut.

Bulletin historique du diocèse de Lyon, janvier-février 1905.

Velliard (Jacques). Petri Ronsardi Poetæ Gallici laudatio funebris. Ad vita et moribus spectatissimum virum Ioannem Gallandium, Becodianæ domus dominum. Jacobus Velliardus Carnutensis ad hanc pompam has paravit orationes cum heroïco carmine.

Parisiis, apud Gabrielem Buon, 1586 (l'édition originale porte par erreur : 1546) ; in-4°.

(Une seconde édition parut dans le courant de l'année.)

Vianey (Joseph). Le Modèle de Ronsard dans l'ode pindarique.

Revue des Langues romanes, 1901, p. 433-434.

— Du nouveau sur Ronsard. Un texte de « la Franciade » antérieur à 1572.

Annales phocéennes, XII, 1911, p. 135-144.

Vianey (Joseph). Le texte original de l'épitaphe de Jean Martin, par Pierre de Ronsard.

Sonderabdruck aus der zeitschrift für franzasische Sprache und Litteratur (Chemnitz et Leipzig).

Villey (P.). Ronsard.

Collection Fortunat Strowski. Librairie Plon, Paris, 1923.

Vincent (A.). Ronsard à Saint-Cosme.

Bulletin de la Société archéologique de Touraine, 1890.

Viollet-le-Duc.

Catalogue des livres composant sa bibliothèque, avec des notes, etc. Paris, Flot, 1847, in-8°.

TABLE DES MATIÈRES

TABLE DES GRAVURES

IMP. DES " PRESSES UNIVERSITAIRES DE FRANCE ", PARIS. — 0045

LES IDÉES FRANÇAISES

LITTÉRAIRES, ARTISTIQUES, ÉCONOMIQUES ET SOCIALES

17, Rue Collette, Paris (XVIIᵉ)

CHÈQUE POSTAL : PARIS 618-22

*Revue mensuelle de doctrine et d'action
en dehors des partis
pour la défense du génie français.*

PRINCIPAUX COLLABORATEURS

René BOYLESVE, *de l'Académie Française* ; Georges GOYAU, *de l'Académie Française* ; Léon HENNIQUE, *de l'Académie Goncourt* ; Georges BÉNÉDITE, *de l'Institut* ; R.-G. AUBRUN ; Jean AUDIAU ; Léon BOCQUET ; Charles BRUN ; E. LE BRUN ; René BRUNET, *professeur à l'Université de Caen* ; Jean CALVET, *professeur à l'Institut Catholique* ; Léon CATHLIN ; Jean CLARY ; E. COTTINET ; Charles DERENNES ; A. EMBIRICOS ; P. FANEUIL ; Félix JEANTEL ; P. LESTRINGUEZ ; Jean LHOMER ; A. LIAUTEY ; E. MICHEL ; Jacques NORMAND ; Jean PSICHARI ; Y. Georges RADE ; Marcel RIEU ; Edmond ROCHER ; E. DE ROUGÉ ; Noël SABORD ; Edmond SÉE ; Pierre VARENNE ; René VILLARD.

Les chroniques des IDÉES FRANÇAISES renseignent l'homme cultivé sur le mouvement intellectuel et sur les manifestations de l'activité nationale dans tous les domaines : Littérature, Théâtre, Cinéma, Beaux-Arts, Musique, la Vie littéraire en province, les Idées françaises à l'Étranger, le Mouvement social féminin, Questions économiques, Livres, Revues, Sports, Finances, etc.

Poèmes, Contes, Nouvelles, Illustrations, Pages d'humour, Échos et Potins.

La moins chère des Revues de luxe

LE NUMÉRO : 1 FRANC — ABONNEMENT UN AN : 12 FRANCS